Herausgegeben von oekom e.V. – Verein für ökologische Kommunikation

Dieses Buch wurde klimaneutral hergestellt.
CO_2-Emissionen vermeiden, reduzieren, kompensieren –
nach diesem Grundsatz handelt der oekom verlag.
Unvermeidbare Emissionen kompensiert der Verlag
durch Investitionen in ein Gold-Standard-Projekt.
Mehr Informationen finden Sie unter: www.oekom.de

ClimatePartner°
klimaneutral
Verlag | ID: 128-50040-1010-1082

Bibliografische Information der Deutschen Nationalbibliothek:
Die Deutsche Nationalbibliothek verzeichnet diese Publikation in der Deutschen
Nationalbibliografie; detaillierte bibliografische Daten sind im Internet
über http://dnb.d-nb.de abrufbar.

© 2012 oekom, München
oekom verlag, Gesellschaft für ökologische Kommunikation mbH
Waltherstraße 29, 80337 München

Umschlaggestaltung, Layout und Satz: Lone Nielsen
Lektorat: Helena Obermayr, Anke Oxenfarth

Druck: Kessler Druck + Medien, Bobingen
Gedruckt auf Circle matt White 100% Recycling von Arjo Wiggins/Igepagroup

ISBN: 978-3-86581-286-5

oekom e.V. – Verein für ökologische
Kommunikation (Hrsg.)

Ökologie von rechts

Braune Umweltschützer auf Stimmenfang

politische ökologie ┊ **Die Reihe für Querdenker und Vordenkerinnen**

Die Welt steht vor enormen ökologischen und sozialen Herausforderungen. Um sie zu bewälti-
gen, braucht es den Mut, ausgetretene Denkpfade zu verlassen, unliebsame Wahrheiten aus-
zusprechen und unorthodoxe Lösungen zu skizzieren. Genau das tut die *politische ökologie* mit
einer Mischung aus Leidenschaft, Sachverstand und Hartnäckigkeit.

Die *politische ökologie* schwimmt gegen den geistigen Strom und spürt Themen auf, die oft erst
morgen die gesellschaftliche Debatte beherrschen. Die vielfältigen Zugänge eröffnen immer
wieder neue Räume für das Nachdenken über eine Gesellschaft, die Zukunft hat.

Herausgegeben wird die *politische ökologie* vom
oekom e.V. – Verein für ökologische Kommunikation.

E s gibt Themen, die sind einfach anders. Sie berühren uns mehr und hallen länger nach. Das geht auch einem Redaktionsteam so, das sich tagtäglich mit brisanten Umwelt- themen beschäftigt. So herrschte in der Redaktion der *politischen ökologie* in den letzten Monaten oft ein seltsam mulmiges Gefühl vor, das sich verstärkte, je länger wir im braun- grünen Sumpf herumwateten. Gespeist wurde es auch dadurch, dass uns mehrfach Auto- r(inn)en mit der Begründung absagten, das angefragte Thema sei wichtig, ihm oder ihr aber politisch zu heiß. Genauso ungewohnt war für uns, dass einige nur unter Pseudonym und ohne Nennung ihrer Kontaktdaten veröffentlichen wollten.

Es ist kein neues Phänomen, dass ökologische Themen von Kräften aus dem rechten und rechtsextremen Spektrum vereinnahmt werden. Natur- und Heimatschutz sind traditionell schließlich eher konservativen politischen Denkmustern verhaftet. Neu ist jedoch, wie Rechtsextreme in jüngerer Zeit Ideologie und Praxis verbinden: „Braune Grüne" nehmen sich verstärkt lokaler Konflikte an, marschieren auf Demonstrationen gegen geplante Kohle- kraftwerke oder Tiermastfabriken mit, verteilen Flugblätter gegen Gentechnik oder betei- ligen sich an Castor-Blockaden „Völkische Siedler" bauen in familiären Landkommunen Bio-Lebensmittel an und engagieren sich in Ortsvereinen. Die politische Strategie dahinter ist immer die gleiche: Mithilfe sozial-ökologischer Themen versuchen sie, ihr biologistisches, rassistisches und antisemitisches Weltbild in breiteren Bevölkerungsschichten (wieder) salon- fähig zu machen.

Dass rechtsextremistisches Gedankengut noch immer ein Thema in Deutschland und anders- wo in Europa ist, haben uns nicht nur die NSU-Mordserie samt dazugehöriger Ermittlungs- pannen oder die Tat und der Prozess des norwegischen Massenmörders Anders Breivik eindrücklich vor Augen geführt. Auch aktuelle Erhebungen zu rechtsextremen Einstellungen in der Bevölkerung zeichnen ein erschreckendes Bild. Es besteht unzweideutig Handlungs- bedarf. Die Autor(inn)en dieser Ausgabe zeigen, wie stark die braune Öko-Szene mittlerweile ist, zeichnen historische Traditionslinien nach und machen deutlich, warum es so wichtig ist, sich dagegen zu wehren, dass ökologische Themen von Rechtsextremen besetzt werden. Ignorieren ist jedenfalls kein Ausweg.

Anke Oxenfarth
oxenfarth@oekom.de

Inhaltsverzeichnis

Neue Schatten

Impulse

Spektrum Nachhaltigkeit

Rubriken

Für die finanzielle Unterstützung danken wir:

Selbach Umwelt Stiftung

Rechtsextremismus

Sammelbezeichnung für faschistische, neonazistische oder ultranationalistische politische Ideologien und Aktivitäten. Gemeinsamer Kern ist die Orientierung an ethnischer Zugehörigkeit, das Infragestellen rechtlicher Gleichheit zwischen Menschen sowie ein antipluralistisches, antidemokratisches und autoritär geprägtes Verständnis von Gesellschaft. Politisches Ziel ist die Umgestaltung des freiheitlich-demokratischen Nationalstaates in eine autoritär geführte „Volksgemeinschaft".

Rechtsradikalismus

Als „rechtsradikal" aufzufassen ist Gedankengut vom rechten Rand des politischen Spektrums, das zwar antisemitisch, rassistisch oder autoritär ist, freiheitlich-demokratische Verfassungen aber nicht explizit negiert. Im gängigen Sprachgebrauch werden „Rechtsextremismus" und „Rechtsradikalismus" oft synonym verwendet.

Rassismus

Eine Ideologie, die „Rasse" in der biologistischen Bedeutung als grundsätzlichen bestimmenden Faktor menschlicher Fähigkeiten und Eigenschaften deutet, häufig vermengt mit dem ethnisch-soziologischen Begriff „Volk". Rassische Diskriminierung versucht, auf (projizierte) phänotypische und davon abgeleitete persönliche Unterschiede zu verweisen.

Neue Rechte

„Neue Rechte" ist ein Sammelbegriff für ein rechtsintellektuelles, loses Netzwerk aus Publizist(inn)en und Akademiker(inne)n, denen eine antidemokratische Einstellung gemeinsam ist. Zurückgehend auf ein politisches Gegenmodell zu den linken Studentenbewegungen Ende der 1960er-Jahre, setzt die „Neue Rechte" auf die „Kulturelle Hegemonie". Trotz der bewussten strategischen Verschleierung ihrer Ziele sind ihre Kernthemen Antiliberalismus, Antisemitismus, Rassismus und Islamfeindlichkeit.

Autonome Nationalisten

Eine von Neonazis erfundene Bezeichnung, die identitätsstiftend wirken soll. Das Auffällige an den extrem gewaltbereiten, meist sehr jungen „Autonomen Nationalisten" ist, dass sie sich in Kleidung und Auftreten an militanten linken Autonomen orientieren: Sie tragen schwarze sportliche Kleidung, meist von der in Nazikreisen sehr beliebten Modemarke „Thor Steinar", Palästinensertücher (als Zeichen für ihre antisemitische Ideologie) und in der linksalternativen Szene beliebte Buttons und Anstecker. Bei Naziaufmärschen imitieren sie den „Schwarzen Block" der linken Autonomen und übernehmen für ihre Transparente deren Motive, angereichert um rechtsextreme Parolen.

Freie Kräfte

Selbstbezeichnung der rechtsextremen Szene für Kameradschaften. Das Kameradschaftsmodell geht von eigenständigen, nicht parteigebundenen regional aktiven Gruppen aus, die ihre Aktivitäten in einem Netzwerk und unter dem Dach überregionaler „Kameradschaftsverbände" und „Aktionsbüros" bündeln. Meinen Neonazis die gesamten „Freien Kräfte", nennen sie den Verbund auch „Nationalen Widerstand" oder „Freien Widerstand". Entsprechend heißen ihre Blogs und Internetseiten „Freies Netz".

Identitäre Bewegung

Die „Identitäre Bewegung" ist ein relativ neues Phänomen in der rechtsextremen Szene, das vor – allem im Internet – mit Mitteln der Pop- und Eventkultur Islamfeindlichkeit, Rassismus und Nationalismus propagiert. Der Ursprung der Bewegung entstand in Frankreich, ihr Symbol ist ein gelbes Lambda (griechischer Buchstabe) auf schwarzem Grund. (mj).

_ Quellen: www.netz-gegen-nazis.de; www.wikipedia.org

Gesellschaftliche Mitte mit Rechtsdrall

Jeder **Elfte** in Deutschland ist Antisemit, einzelne judenfeind-
liche Äußerungen haben Zustimmungsraten von bis zu **62%.**

9% der Deutschen (bundesweit) haben ein geschlossenes
rechtsextremes Weltbild, in den neuen Bundesländern liegt der
Anteil bei fast **16%.**

Einzelnen islamfeindlichen Aussagen stimmt jeder **zweite**
Deutsche zu.

Jeder **vierte** Deutsche (bundesweit) ist ausländerfeindlich
eingestellt, in den neuen Bundesländern sind es fast **39%.**

„Die von uns gemessene Ausländerfeindlichkeit ist nicht etwa da besonders hoch, wo
sich unterschiedliche Bevölkerungsgruppen täglich begegnen, sondern dort, wo kaum
Migrantinnen und Migranten wohnen. Auch wenn wir die Verhaltensebene des Rechtsextremismus betrachten, können wir nicht von einem 'ostdeutschen' Phänomen sprechen. Sogenannte 'Freie Kräfte' oder 'Autonome Nationalisten' sind im Westen
genauso stark organisiert wie im Osten. Gewalt und andere Übergriffe fallen hier wie
dort immer wieder durch ihre erschreckende Brutalität auf.
Was sich in der Gegenüberstellung von Ost und West jedenfalls zeigt, ist das Abkop-
peln ganzer Regionen von der gesamtstaatlichen bzw. europäischen Entwicklung. Diese zurückgelassenen Regionen bringen für die Demokratie langfristig viel schwerwie-
gendere Probleme mit sich als 'nur' hohe Arbeitslosenzahlen oder Verschuldungsraten.
Diese Situation darf keinesfalls unbeantwortet bleiben. Und natürlich geht es dabei
um politisch hart umkämpfte Verteilungsfragen, nämlich um die Verteilung von Arbeit
und Wohlstand."

Aus: Decker, Oliver/Kiess, Johannes/Brähler, Elmar (2012):
Die Mitte im Umbruch. Rechtsextreme Einstellungen in Deutschland 2012,
herausgegeben für die Friedrich-Ebert-Stiftung von Ralf Melzer. Bonn, S. 115.

Ideologie ...

„Deutscher ist, wer deutscher Herkunft ist und damit in die ethnisch-
kulturelle Gemeinschaft des deutschen Volkes hineingeboren wurde. Eine
Volkszugehörigkeit kann man sich genausowenig aussuchen wie die
eigene Mutter. In ein Volk wird man schicksalhaft hineingepflanzt; in
eine Volksgemeinschaft kann man nicht einfach ein- oder austreten wie
in einen Sportverein, man wird in sie hineingeboren. Im Ausland wird
man immer als Angehöriger eben dieses Volkes wahrgenommen, ob dies
einem paßt oder nicht. Ein Afrikaner, Asiate oder Orientale wird nie
Deutscher werden können, weil die Verleihung bedruckten Papiers (eines
BRD-Passes) ja nicht die biologischen Erbanlagen verändert, die für die
Ausprägung körperlicher, geistiger und seelischer Merkmale von Einzel-
menschen und Völkern verantwortlich sind. Längst ist erwiesen, daß
das Erbliche bei Einzelnen wie bei Völkern und Rassen (als evolutions-
biologischen Lebensordnungen verwandter Menschen) gleichermaßen für
die Ausbildung körperlicher wie nicht-körperlicher Merkmale verantwortlich ist. Angehörige anderer Rassen bleiben deshalb körperlich, geistig
und seelisch immer Fremdkörper, gleich wie lange sie in Deutschland
leben, und mutieren durch die Verleihung bedruckten Papiers nicht zu
germanischstämmigen Deutschen.“

_ Quelle: http://npd.de/html/1939/artikel/detail/2100

... ohne Grund und Boden

„[Es scheint] für viele Umweltschützer naheliegend, 'natürliche', biologische oder speziell ökologische Gesetzmäßigkeiten zum Maßstab für menschliches Sozialverhalten zu machen. Diese Vorgehensweise, die Übertragung von Gesetzen und Organisationsprinzipien aus dem Tier- und Pflanzenreich auf menschliche Gesellschaften, bezeichnet man als Biologismus. Wie bereits oben angedeutet, gehört der Biologismus zum Standardinventar konservativer bis faschistischer Ideologien. Sowohl mit dem sozial-darwinistischen 'Kampf ums Dasein' und 'Überleben des Stärkeren' als auch der ganzheitlichen Schau des Naturganzen sollten schon immer die unüberwindbare Ungleichheit der Menschen, die Notwendigkeit von Hierarchie und Elite, die Schädlichkeit von Emanzipation, die Unmöglichkeit von gesellschaftlicher Veränderung bewiesen, die Konstruktion von Menschenrassen, die Trennung in wertes und unwertes Leben, die Kontinuität von Unterdrückung und Ausbeutung legitimiert werden.

Der biologistische Ansatz leitet seine Berechtigung aus zwei Grundannahmen ab. Zum einen betrachtet er die Menschheit lediglich als eine mehr oder weniger intelligente Tiergattung, deren Existenz somit hauptsächlich durch naturwissenschaftliche Gesetzmäßigkeiten bestimmt sei. [...] Der zweite Legitimationsschritt besteht in der Annahme, Biologie bzw. Ökologie verfügten über das Wissen von ewiggültigen, universellen Naturgesetzen, die sie auf wissenschaftlich-wertfreie Weise ermittelt hätten. [...]

Der Mensch ist weitaus mehr als ein Teil des Tierreichs, ungleich mehr als ein biologisches Wesen. Er ist lediglich auch ein biologisches Wesen, hervorgegangen aus der Evolution, abhängig auch von biologischen und physikalischen Gesetzen. Darüber hinaus ist er aber ein soziales Wesen, ausgestattet mit Bewußtsein. Er besitzt die Fähigkeit zu Selbstreflexion und geistiger Weiterentwicklung, zur Herstellung von Produktions- und Nahrungsmitteln, zur Gestaltung seiner Umwelt. Sein soziales Wesen macht das Spezifische seiner Existenz aus, hebt ihn weit aus dem Tierreich heraus. Die Übertragung von Organisationsprinzipien aus dem Tier- und Pflanzenreich auf den Menschen stellt somit die Reduktion des Menschen auf seine biologischen 'Anteile' dar, wird den komplexen Funktionsweisen menschlicher Gesellschaften nicht gerecht."

Aus: Geden, Oliver (1999): Rechte Ökologie. Umweltschutz zwischen Emanzipation und Faschismus. Berlin, S. 53 f.

Mit Humor gegen Rechts

„Storch Heinar" ist ein gegen die bei Rechtsextremist(inn)en beliebte Modemarke „Thor Steinar" gerichtetes Satireprojekt. Im Jahr 2008 von den Verantwortlichen des Informationsportals „Endstation Rechts" initiiert, hat das Projekt unter anderem T-Shirts, Tassen und Regenschirme mit dem Storchenmotiv im Angebot. Der Storch ist außerdem Mittelpunkt zahlreicher Aktionen gegen Rechtsextreme, wie zum Beispiel bei Mahnwachen gegen die Szeneläden von „Thor Steinar" oder bei Konzerten gegen Rechts. (mj)

_ Quelle: www.storchheinar.de

Braune Grüne

Gut getarnt auf Stimmenfang

Von Toralf Staud

Seit ein paar Jahren mischen Rechtsextreme verstärkt bei lokalen Reizthemen mit. Sie protestieren gegen gentechnisch veränderte Lebensmittel, verteilen Flugblätter gegen geplante Kohlekraftwerke und laufen gegen Tierfabriken Sturm. Ein Lagebericht.

━━━━Raimund Borrmann ist ein großer Freund der Alleen. Borrmann saß in der vergangenen Legislaturperiode für die NPD im Landtag von Mecklenburg-Vorpommern und war in seiner Fraktion Sprecher für Umwelt-, Kultur- und Heimatschutz. Bei einer Plenumsdebatte über den Schutz von Alleebäumen griff der studierte Philosoph zu blumigen Worten: Alleen seien „vertraute Begleiter", sagte er, sie „schmücken durch Blütenpracht, Blätterleuchten und Kronenrund". Namens seiner Fraktion tadelte Borrmann die Landesregierung für ihre Untätigkeit und forderte „ausführliche Schutzvorschriften" für die Bäume. (1)
Umweltschützer(innen) sind meist überrascht, wenn Rechtsextreme von Ökologie reden und Neonazis grün gefärbt auftreten. Dabei ist Borrmanns Rede kein Einzelfall. Die NPD-Landtagsfraktionen in Schwerin oder auch Dresden bringen regelmäßig Anträge und Anfragen zu Umweltthemen ein, in Mecklenburg-Vorpommern war die Partei schon früh an Anti-Gentechnik-Protesten beteiligt. Neonazi-Kamerad-

schaften rufen zu „Nationalen Säuberungstagen" auf, an denen Müll aus Wäldern oder Parks gesammelt wird. Bei den sogenannten Autonomen Nationalisten gibt es eine AG Tierrechte, einige Aktivist(inn)en beteiligten sich auch schon an Castor-Blockaden. Längst hat die rechtsextreme Szene eigene Öko-Zeitschriften wie Umwelt & Aktiv (vgl. S. 65 ff.). Naturspiele für Kinder und Berichte über die tauenden Permafrostböden in Sibirien stehen darin neben Rezepten für altgermanischen Met oder Artikeln über „Neophyten", aus anderen Erdteilen eingeschleppten Pflanzen, die einheimische Arten verdrängen – unterschwellig wird da suggeriert, die Einwanderung von Menschen nach Europa sei genauso bedrohlich (vgl. S. 60 ff.).

Wer genau hinhört, erkennt die braunen Grünen schnell

Viele Forderungen der braunen Grünen decken sich mit denen von Umweltverbänden oder Bündnisgrünen. Doch wer genauer auf die Begründungen achtet, hört fast immer die rechtsextreme Gesinnung heraus: Umwelt- oder Tierschutz ist bei Leuten wie Raimund Borrmann eingebettet in ein rechtsextremes Weltbild. So sprach er in seiner Alleen-Rede beiläufig von „Pommern" statt von Vorpommern – ein verschlüsselter Gebietsanspruch auf ehemals deutsche Gebiete östlich der Oder. Die Alleen des Landes seien „Teil unserer kulturellen Geschichte", so Borrmann weiter, „führen sie nun nach Schwerin, Stettin, Breslau oder Prag".

Es ist – leider – kein Zufall, dass Umweltschutz und Rechtsextremismus so gut zusammenpassen (vgl. S. 46 ff.). „Im Verlauf der Ökologiegeschichte waren es entgegen der heute vorherrschenden Meinung nicht etwa anarchistische, marxistische, sozialdemokratische oder liberale Strömungen, die den Charakter der Ökologie entscheidend prägten", schrieb Oliver Geden 1996 in seinem Buch „Rechte Ökologie". „Es war zumeist konservatives bis faschistisches Gedankengut, das sowohl der ökologischen Wissenschaft als auch den ökologischen Bewegungen seinen Stempel aufdrückte." Geden zeichnet nach, wie eng die Begründung der Ökologie seit dem späten 19. Jahrhundert mit sozial-darwinistischem und rassistischem Denken verzahnt war.

Rechtsextremisten übertragen wirkliche oder vermeintliche Erkenntnisse aus der Naturbeobachtung linear auf menschliche Gesellschaften; nach diesem Muster versucht auch die NPD heute, scheinrationale Begründungen für Rassismus und Fremdenfeindlichkeit zu finden. „Der Nationalismus", heißt es etwa in einem internen Schulungspapier, „ist die politische Ausprägung des Territorialverhaltens und dient somit der Existenzsicherung und der Arterhaltung, einem biologischen Grundprinzip." In Wirklichkeit meint die NPD: Weil Tiere sich gegenseitig fressen, dürfen auch Menschen und Staaten Kriege anfangen.

Erhaltung von Heimat und Natur zur Erholung für die Wehrmacht

Nicht nur die Ökologie als Wissenschaft, so Geden, sondern auch die Umweltbewegung habe tiefbraune Wurzeln. Die Naturschutz- und Lebensreform-Gruppen, die vor gut hundert Jahren hierzulande entstanden, seien geprägt gewesen von der antimodernistischen Zivilisationskritik der völkischen Bewegung. Wuchernden Städten wurde das romantische Ideal vom deutschen Bauern auf eigener Scholle entgegengesetzt. Von der Idee des technischen Fortschritts als unorganische und zersetzende Kraft war es dann nicht weit bis zum nationalsozialistischen Hass auf jüdische und andere „artfremde" Einflüsse.

Der Geschäftsführer des Bundes Naturschutz, der Jahrzehnte später im BUND aufging, Luitpold Rueß, formulierte 1940 als Aufgabe seines Verbandes, „die Heimat und die Natur sauber und schmuck zu erhalten und zu gestalten an dem Tag, wo das Heer der deutschen Soldaten aus Blut und Krieg heimkehrt in das gerettete Vaterland". (2) Noch heute verweisen Neonazis gern darauf, dass Hitlers Reichsnaturschutzgesetz bis in die 1970er-Jahre weitergalt (vgl. S. 39 ff.).

Als sich in der jungen Bundesrepublik erster Widerstand gegen Atomkraftwerke regte, war der rechtsextreme „Weltbund zum Schutz des Lebens" (WSL) von Anfang an dabei. Auch bei der Entstehung der Grünen war lange nicht klar, ob sich dort linke oder rechte Strömungen durchsetzen. Die NPD kümmert sich seit den 1960er-Jahren um Agrar- und Umweltpolitik. Als die Partei 2004 in Sachsen erstmals seit Jahrzehnten wieder in einen Landtag einzog, stand ihr laut Geschäftsordnung der Vorsitz eines Fachausschusses zu – sie übernahm den für Umwelt und Landwirtschaft. Da gebe es „eine Klientel für uns", sagt Robert Beck offen. Auch könne man dadurch zeigen, „dass wir nicht nur zur Ausländerthematik arbeiten". Beck ist 30 Jahre alt und Umweltreferent der Fraktion. Rein äußerlich scheint er so gar nicht zur NPD zu passen: „Na, Struppi", grüßen ihn die Kollegen auf dem Fraktionsflur; Beck trägt Lockenmähne, Vollbart und eine Jack-Wolfskin-Fleecejacke. Fotos an seiner Büro-

> **„Polnische Piratenfischer bedrohen die Existenz unserer Fischer!", heißt es in Flugblättern der Schweriner NPD-Fraktion. "**

pinnwand zeigen den Gärtnermeister und passionierten Jäger mit erlegten Rehen. Auf seinem Schreibtisch stapeln sich Landtagsdrucksachen und ökologische Fachzeitschriften. Er schreibt Anträge gegen die Besteuerung von Biodiesel und für strenge Sperrzeiten bei der Grünlandmahd, hat sich eingearbeitet in die Details und Fallstricke des parlamentarischen Betriebs. Längst hat die NPD gelernt, auch mehrseitige Gesetzentwürfe mit komplizierten Paragrafen korrekt zu formulieren.

Genmais und der „Machtwechsel"

Schon mit 17 ist Beck in die NPD eingetreten. Er bezeichnet sich als „nationalen Deutschen", und da sei es doch „ganz normal", dass man sich um die Lebensgrundlagen seines Volkes kümmere. „Ohne eine ökologisch verantwortliche Politik", heißt es im NPD-Programm aus dem Jahr 2003, „ist jedes Volk in seinem Bestand bedroht." Aus dieser völkischen Grundhaltung folgen dann aber Dinge, mit denen sich die NPD von wirklichen Ökologen unterscheidet. Den Genmais MON810 etwa lehnt die Partei vehement ab; aber als Begründung führt sie stets an, bei Monsanto handele es sich um einen US-Konzern. Nun wäre deutsche Gentechnik zwar keinen Deut harmloser. Für die NPD aber liegt das Problem darin, dass Genmais den Deutschen „die Möglichkeit zur ernährungstechnischen Autarkie" nehme. Und während Gentechnikgegner schlicht vor einer dauerhaften Verschmutzung der Umwelt durch Genpollen warnen, fürchtet die NPD eines ganz besonders: Die Freisetzung sei, warnt das Parteiblatt „hier & jetzt", „nach einem erfolgten Machtwechsel" nicht „wieder rückgängig zu machen".

Praktisch überall in rechtsextremen Öko-Argumentationen ist braune Ideologie versteckt: Wenn Nazi-Tierrechtler(innen) gegen das Schächten unbetäubter Schlachttiere protestieren, hat das stets einen rassistischen Unterton. „Atomtod aus Polen stoppen", plakatierte die NPD im letzten Landtagswahlkampf in Mecklenburg-Vorpommern – als gebe es nur im Nachbarland gefährliche Reaktoren. „Polnische Piratenfischer bedrohen die Existenz unserer Fischer!", heißt es in Flugblättern der Schweriner NPD-Fraktion – nicht-rechte Umweltschützer(innen) würden dagegen die Überfischung der Ozeane anprangern. Ihm sei schon klar, so Beck, dass Umwelt-schutz nicht an den Grenzen aufhöre – aber „als Nationaler bin ich meiner Heimat mehr verpflichtet als anderen Ländern". In seinem Bücherregal stehen die Memoiren von Baldur Springmann, einem extrem rechten Mitbegründer der Grünen, der später auch in der ÖDP (Ökologisch-Demokratische Partei) aktiv war (vgl. S. 39 ff.).

Mehr Angst vor Importabhängigkeit als vor der Erderwärmung

Dass die NPD keine echte Öko-Partei ist, zeigt auch die Rede des damaligen säch-sischen Fraktionschefs Holger Apfel, heute Parteichef, nach der Wahl in Sachsen im Jahr 2004: Da hatte die Tierschutzpartei 1,6 Prozent der Stimmen geholt, und Apfel sagte in seiner Rede, diese Stimmen wollte die NPD bei der nächsten Wahl holen. Deshalb sei Tierschutz ein wichtiges Thema in der Propaganda. Ein zweites Beispiel: Ginge es der NPD um die Umwelt, müsste sie die Kohleverstromung generell ableh-nen. Doch Braunkohle ist eben auch „ein heimischer Energieträger", und Importab-hängigkeit fürchten Nationalisten mehr als die Erderwärmung. Als vor vier Jahren in Mecklenburg Pläne für einen Tagebau bekannt wurden, machte die dortige NPD zwar sofort Front dagegen. Doch in ihren Flugblättern war vom Weltklima nicht die Rede. Stattdessen las man dort, dass „ein Großkonzern aus Übersee" die „Zerstörung unserer Heimat" plane.

Thomas Blaudszun von der Bürgerinitiative „Braunkohle nein!" im mecklenburgi-schen Lübtheen erinnert sich, wie ein Herr namens Udo Pastörs im April 2005 beim Gründungstreffen auftauchte. „Er trat auf als feiner, höflicher, gebildeter Mensch mit sehr gewählten Umgangsformen", so Blaudszun, „ergriff das Wort in der Ver-sammlung und hatte gute Ideen." Erst später fiel ihm auf, dass Pastörs mit einigen Leuten gegen den Willen des Vorstandes zielgerichtet den Arbeitskreis Politik der Bürgerinitiative zu übernehmen versuchte, exklusiv für Kontakte zu Parteien zustän-dig sein wollte und immer wieder bestrebt war, den Protesten einen anti-amerikani-schen Drall zu geben. Irgendwann wurde Blaudszun klar, dass sie es mit knallharten

Rechtsextremen zu tun hatten – heute ist Pastörs Chef der Schweriner NPD-Land-tagsfraktion. Im Landtagswahlkampf 2006 konnte er sich der Öffentlichkeit dank des Engagements in der Bürgerinitiative als Kohlegegner präsentieren. „Pastörs hatte erkannt, dass es ein gutes Profilierungsthema für ihn und die NPD war", sagt Blaudszun. „Und wir waren ein bisschen naiv." Erst nach monatelangem Kampf gelang es der Initiative, Pastörs aus dem Verein herauszudrängen. Dieser habe ihm, so Blaudszun, auch einmal zugeraunt: „Wir führen Listen über unsere Gegner! Wenn wir an die Macht kommen, gehen die als Erste ..." ——

Anmerkungen

(1) Dieser Artikel basiert größtenteils auf dem Artikel „Braune Grüne", der zuerst im Greenpeace Magazin 4/2009 erschienen ist.
(2) zit. nach Geden, Oliver: Rechte Ökologie. Umweltschutz zwischen Emanzipation und Faschismus. Berlin (2. Aufl.) 1999, S. 30.

Was stünde auf Ihrem T-Shirt gegen grüne Braune?
Rassen gibt's nicht in der Natur, sondern nur im Kopf des Menschen.

Zur Person

Toralf Staud, geb. 1972, war Politikredakteur der ZEIT und leitender Redakteur beim Portal netz-gegen-nazis.de. Als freier Journalist und Autor schreibt er u.a. für ZEIT, Süddeutsche Zeitung, taz und klimaretter.info, sowohl über Rechtsextremismus als auch über Umwelt-themen. 2012 erschien sein neuestes Buch „Neue Nazis. Jenseits der NPD: Populisten, Autonome Nationalisten und der Terror von rechts".

Kontakt

Toralf Staud
E-Mail post@toralfstaud.de

„Odal"-Rune, auch als „Othala" bekannt.
Die Bedeutung leitet sich von der germanischen Silbe „Od" ab, zu Deutsch „Besitz" oder
„Erbe". Die Nationalsozialisten deuteten die
Rune als Symbol für „Blut & Boden". Noch
immer ist sie ein weit verbreitetes Symbol in rechtsextremen Kreisen.

GEISTER DER VERGANGENHEIT

Die Gleichsetzung von Natur- und Heimatschutz
hat in Deutschland eine über hundert Jahre lange
Tradition. Rechtsgerichtete von heute bauen ihre
Ideologie auf einem völkisch-nationalen Naturbild
auf, fordern Artenschutz für das „Volk", da „Blut und
Boden" untrennbar seien, erklären Ausländer zum
„ökologischen Problem" und diffamieren Juden als
Profiteure einer umweltschädlichen Wachstumswirtschaft. – Wer war zuerst da: die Rechten oder
die Umweltbewegung? Wie grün waren die Nazis?
Wer waren die „Artamanen" und warum wandeln
heutige „völkische Siedler" wieder auf ihren Spuren?

Die Rolle der Natur im Konservatismus und im Nationalsozialismus

Original und Fälschung

Von Ludwig Trepl

Die Rechte entdeckt die Ökologie und missbraucht sie – derlei Behauptungen werden gern als Neuheit ausgegeben, doch man liest sie, seit es die moderne Umweltbewegung gibt. Was aber ist das Original und wer springt nur auf den Zug auf?

▬▬▬Viele derer, die nicht nur das politische Tagesgeschäft kennen, werden einwenden: Es ist umgekehrt, die Rechte ist das Original. Haben sie recht? Nun sind die Begriffe, die man in der Tagespolitik zum Sortieren verwendet, uneindeutig. Was ist beispielsweise mit der „Rechten" gemeint? Oft wird dieser Begriff mit „Nationalsozialisten" gleichgesetzt. Wenn „die Rechte ist das Original" heißen soll, dass die „politische Ökologie" der NS-Ideologie entstammt, dann wäre das falsch (vgl. S. 32 ff.). (1) Wenn man aber – spiegelbildlich zum üblichen Sprachgebrauch, nach dem die SPD als links bezeichnet wird – alles rechts der Mitte „rechts" nennt, dann ist die Ökoideologie ihrer Herkunft und ihrer Struktur nach rechts, nämlich konservativ. (2) Damit ist sie aber keineswegs „braun". „Rechtsextremismus" im Allgemeinen ist jedoch genuiner Bestandteil der Geschichte der Ökoideologie – nämlich ein in bestimmter Richtung radikalisierter Konservatismus.

Der Nationalsozialismus war allerdings kein radikalisierter Konservatismus. Zwar wäre er ohne die Ideologie der sogenannten „Konservativen Revolution" vielleicht nicht entstanden. (3) Und deren Anhänger begrüßten zumindest anfangs die

„Machtergreifung" oft begeistert, auch wenn der Großteil von ihnen die spezifisch nationalsozialistischen Vorstellungen nicht teilte. Später hatten die Konservativen in der Bundesrepublik beträchtlichen Einfluss und waren für die Nicht-Konservativen geradezu der Beweis der Kontinuität „braunen" Gedankenguts. Es war aber eher ein „schwarzes".

Ich will zuerst in idealtypischer Zuspitzung den Kern dessen, was man heute „ökologisches Denken" nennt, zu skizzieren versuchen, wie er sich im Zuge der Entwicklung des klassischen Konservatismus herausgebildet hat. Dann will ich zeigen, was das spezifisch Nationalsozialistische im Hinblick auf die Thematik ist, die heute unter „politischer Ökologie" behandelt wird. Schließlich will ich meinen Eindruck etwas erläutern, dass dieses spezifisch „Braune" heute kaum mehr zu finden ist, auch nicht unter denen, die man mit gutem Grund Neonazis nennt, und dass man, wenn man nach Gefahren sucht, die in dem Gedankengebilde „politische Ökologie" stecken, nicht nur rechts suchen sollte.

Die Idee der Natur im konservativen Denken

Für die Aufklärung – sowohl für die liberale „englische" als auch die demokratische „französische" – war die Gesellschaft Ergebnis eines Vertrags, den die Menschen untereinander schlossen. Die Vernunft brachte sie dazu, das zu tun. Vernunft war für die einen ein Vermögen, das dazu dient, den je eigenen Nutzen zu verfolgen, für die anderen ein Vermögen zu erkennen, was der „Volonté générale" zu sein habe und den eigenen Willen danach zu bestimmen. Doch sie war immer ein Vermögen des Menschen, mittels dessen er sich die Gesetze seines Handelns gibt. Für den gegenaufklärerischen Konservatismus aber war die Vernunft ein Geschenk Gottes, durch die er die Menschen an seiner Wahrheit teilhaben lässt und mit der sie (in Grenzen) die Welt und ihre gottgegebenen Aufgaben in ihr erkennen können. Die Gesellschaft ist eine Gemeinschaft, das heißt, ein organischer Zusammenhang. Einem solchen ist wesentlich, dass das Ganze den Teilen vorausgeht. Wie in einem biologischen Organismus bringt das Ganze die Teile hervor, weil es sie braucht. Die Teile erhalten als Organe das Ganze und dieses sorgt für die Teile. Und die Gemeinschaft kann, wie ein Organismus, nicht konstruiert werden, sondern wächst und entwickelt sich.

Hierbei spielt die umgebende Natur eine entscheidende Rolle. Die Gemeinschaft bildet mit ihr eine Einheit höherer Ordnung, eine Einheit von „Land und Leuten" (Wilhelm H. Riehl). Man nennt sie Kulturlandschaft. „Natur" ist hier nicht die Natur der Naturwissenschaften – das, was man, wenn man ihre Gesetze kennt, den eigenen Interessen gemäß verändern kann ohne Rücksicht darauf, wohin es von sich aus strebt –, sondern gemeint ist die die Gemeinschaft umgebende Natur in ihrer jeweiligen Besonderheit. Denn in ihrer Besonderheit hat Gott sie gewollt, und die Anweisungen, wie die Menschen Natur entwickeln und kultivieren sollen, sind nicht nur in der Tradition, sondern auch in der Natur enthalten. Man kann in ihr lesen, was die Menschen mit ihr machen sollen: Sie sollen sich an die Natur, in ihrer räumlichen Differenziertheit, anpassen und sie gerade dadurch zu etwas Höherem entwickeln; damit sollen sich die Menschen zwar von ihren Zwängen befreien, nicht aber sie beherrschen allein nach ihren Nützlichkeitserwägungen. – Wahre Freiheit gibt es nur in der Bindung an die tradierte Gemeinschaft und die sie umgebende Natur.

Erfüllt eine Gemeinschaft ihren Auftrag gegenüber der Natur, entfaltet sie ihr Wesen und das der Natur. Dann entstehen vielfältige Landschaften, die zugleich, weil eine jede Gemeinschaft von besonderem Wesen sich an die besondere Natur ihres Lebensraums anpasst, Eigenart haben, und solche Landschaften sind schön. Diese Denkfigur trägt die entstehende Natur- und Heimatschutzbewegung, und sie ist, wenn auch in Kombination mit Figuren anderer Herkunft, der Kern heutigen „ökologisches Denkens". – Ist sie auch der Kern der nationalsozialistischen Naturideologie?

Rassistische Umdeutung der konservativen Landschaftstheorie

In der Tat findet man in nationalsozialistischen Schriften alles eben Beschriebene. Man findet aber auch, was der konservativen Zivilisationskritik als das gerade Gegenteil galt: zum einen Euphorie für den technischen Fortschritt und zum anderen eine expansionistische Haltung – nicht Bindung an die Heimat(landschaft), sondern einen Auftrag, diese zu verlassen und anderen ihre Heimat zu nehmen, ja die ganze Welt zur eigenen „Heimat" zu machen. Der Kern des klassischen Konservatismus ist also in der NS-Ideologie enthalten und zugleich zerstört respektive so verändert, dass man nicht mehr von einer Variante des Konservatismus, sondern von einer paradoxen Verbindung von Konservatismus und seinem Gegenteil sprechen muss. Wie

> **Der Kern des klassischen Konservatismus ist in der NS-Ideologie enthalten und zugleich so verändert, dass man nicht mehr von einer Variante des Konservatismus, sondern von einer paradoxen Verbindung von Konservatismus und seinem Gegenteil sprechen muss.**

diese möglich wurde, wurde schon mehrmals im Einzelnen analysiert. (1) Entscheidend ist eine rassistische Umdeutung der konservativen Landschaftstheorie. (5) Das Wesentliche der organischen Gemeinschaft – das ist die Gesellschaft auch hier – liegt für die nationalsozialistische Ideologie nicht (primär) in Kultur, Tradition und Sprache. Vielmehr ist sie eine biologische Abstammungsgemeinschaft. Die „nordische Rasse" hat sich im Kampf gegen die harte Natur der nordischen Wälder zur höchsten aller Rassen entwickelt – höhergezüchtet durch Auslese. Das wird aber nicht darwinistisch verstanden. Denn dieser Rasse kommt eine Überlegenheit nicht nur unter bestimmten Umweltbedingungen zu, sondern eine Überlegenheit an sich – ein im Darwinismus unmöglicher Gedanke. Und die Stärke der Rasse entwickelt sich zwar in diesem Kampfgeschehen durch „Ausmerzung der Minderwertigen", doch zugleich ist diese Rasse immer schon die stärkste gewesen und bewährt diese ursprüngliche Stärke nur im Kampf, die Stärke entsteht nicht als etwas Neues. (6) Ohne diese ewige, in ihrem Wesen liegende Stärke hätte die Rasse den Kampf mit der harten Natur gar nicht aufgenommen.

In der NS-Naturideologie bringt die Natur die Herrenrasse als ihr höchstes Produkt hervor. Sie bleibt Natur und sie bleibt ihr verbunden. Denn der nordische Mensch liebt die Natur, gegen die er kämpft, und achtet sie, er verachtet und plündert sie nicht wie der Nomade und die vom semitischen Nomadengeist, das heißt dem Liberalismus befallenen modernen Gesellschaften, vor allem die Angloamerikaner. Weil nun die Herrenrasse Teil der Natur ist, kann das, was sie tut, gar nicht Naturzerstörung sein: Ihr Handeln liegt immer auf der Linie, der die Natur in ihrem eigenen Streben folgt. Der technische Fortschritt, der sich gerade der nordischen Rasse verdankt, ist Hervorbringung der Natur selbst, nicht eines sich von den Naturbindungen lösenden, naturwidrigen modernen Geistes. Darum wird auch die größte technische Umgestaltung der Landschaft diese nicht zerstören, sondern verbessern und verschönern, denn sie wird die Natur dieser Rasse zum Ausdruck bringen, und deren Eigenart besteht zudem wesentlich darin, die Eigenart der umgebenden Natur zu beachten. In diesem Denken ist der Reichsautobahnbau das Gegenteil von Landschaftszerstörung.

Kein Expansionismus bei den Neonazis

Die Herrenrasse erlangt schließlich eine Stärke, die ihr ermöglicht, was im konservativen Land-und-Leute-Denken unmöglich war: die angestammte Landschaft zu verlassen. Die Herrenrasse muss das sogar tun, denn der Kampf darf nicht aufhören, andernfalls droht sie zu degenerieren. Sie muss darum nach der Vollendung ihrer Aufgabe in den nordischen Wäldern anderswo gegen noch nicht unterworfene Natur kämpfen, und gegen die anderen Rassen, deren Heimat diese Natur ist. Im klassischen Konservativismus ist das nicht möglich, denn nur an die Natur, mit der eine Gemeinschaft gewachsen ist, ist diese angepasst; und es ist auch nicht erlaubt, andere Länder zu erobern, denn jede Gemeinschaft hat ein Recht auf ihre Heimat. In der NS-Ideologie aber darf, ja soll die Herrenrasse anderen ihre Heimat nehmen; dies auch aus dem Grund, weil nur diese Rasse fähig ist, die Natur dieser Länder zu dem zu entwickeln, wozu sie bestimmt ist, während die minderwertigen Rassen, etwa die „ostischen", diese Natur verkommen lassen zu der Steppe, die ihrem Rassewesen entspricht. – Die Landschaft ist damit nicht mehr ein Organismus, der nur wachsen kann, sondern kann willentlich konstruiert werden.

Nun scheint aber diese spezifisch „braune" Naturtheorie heute kaum mehr zu finden zu sein, auch nicht unter Neonazis. Ich habe nicht systematisch gesucht, aber es ist mir bisher nichts begegnet in den Programmen und anderen Äußerungen dieser Kreise, das diese durch einen „völkischen Rassismus" hergestellte Verbindung von Heimatkult und Expansionismus und von Naturkult und Fortschrittseuphorie enthält. Das mag oberflächlich-politische Gründe haben, man sagt vielleicht aus taktischen

Überlegungen nicht alles, was man gern sagen möchte. Es kann aber auch tieferliegende Gründe haben; die Struktur von Denksystemen mag sich so verändert haben, dass sich diese Verbindung nicht mehr oder nur schwer denken lässt. Das herauszufinden wäre eine wichtige Aufgabe. Aber wenn mein Eindruck richtig ist, dann ist – wohlgemerkt, im Hinblick auf die Ökologiethematik – der heutige Rechtsextremismus von anderer Beschaffenheit als der nationalsozialistische. Beim heutigen handelt es sich im Wesentlichen um eine Radikalisierung im Rahmen des konservativen Paradigmas. Diese Radikalisierung geschah im Laufe des 19. Jahrhunderts. – Worin besteht sie, und was mäßigte den klassischen Konservativismus?

Landschaft wird abgeschlossene Idylle

Dem klassischen Konservatismus war zwar die Eigenart jeder Land-und-Leute-Einheit wesentlich. Aber das bedeutete nicht, dass die Gemeinschaften sich immer weiter voneinander isolierten oder isolieren sollten. Dagegen stand die Idee einer Befruchtung der Kulturen durch Außeneinflüsse und der gerade dadurch geförderten Höherentwicklung. Fremdes konnte und sollte aufgenommen werden – sofern es dem Wesen der aufnehmenden Kultur entsprechend aufgenommen wurde, diente es deren Bereicherung; so etwa bereicherte das Christentum die europäischen Völker. Nur zusammen, in ihrer einander befruchtenden Verschiedenheit, erfüllen die Völker der Erde dem klassischen Konservatismus zufolge den göttlichen Auftrag und erlangt die Natur höchstmögliche Vielfalt. Und es war eine ranglose Verschiedenheit, jedes Volk war auf seine Art – und der Natur seines Landes entsprechend – vollkommen respektive sollte Vollkommenheit anstreben.

Aber im Laufe des 19. Jahrhunderts setzte sich eine Tendenz zum Sich-Einschließen ins je eigene Gebiet durch. Landschaft wurde abgeschlossene Idylle, und es entstand eine aggressive Heimattümelei; alles Fremde wurde zum störenden Eingriff in das Wesen der jeweiligen Landschaft. Auch entstand eine Rangordnung unter den Gemeinschaften. Was erst nur Überlegenheit, weil Angemessenheit unter den eigenen Bedingungen war, wurde zur Überlegenheit an sich. Diese ließ sich auf verschiedene Weise begründen: mit der besonders alten kulturellen Tradition, mit dem Fehlen kultureller Tradition, das heißt der besonderen Nähe zum Ursprung in seiner Reinheit – so hob sich Deutschland von den „welschen" Ländern ab und wurde zum „Land der Wälder" –, mit der besonderen Geistes- und Gemütstiefe, die sich wiederum aus der besonderen Natur, beispielsweise dem Nebelreichtum des Nordens, herleitete. Schließlich konnte auch das Gegenteil aller konservativen Werte, nämlich der technische Fortschritt, die Überlegenheit der eigenen Kultur begründen. Das alles verband sich dann in der NS-Ideologie zu einer durch den Rassismus gewährleisteten konsistenten Einheit. Sogar was sich einst in die NS-Ideologie nicht integrieren ließ, nämlich der im Unterschied zum technischen stehende politische Fortschritt, kann, wie wir heute an der typischen Haltung konservativer Extremisten zum Islam sehen, die Überlegenheit der eigenen Gemeinschaft begründen und den Grund für eine Politik der Ab- und Ausgrenzung abgeben.

Gefahr von radikal-liberalistischer Seite

Von Rasse ist bei all diesem konservativen Radikalismus normalerweise nicht die Rede. Andererseits ist von biologisch bedingter Über- und Unterlegenheit heute sehr viel die Rede. Darauf möchte ich zum Schluss noch hinweisen: Wenn die „politische Ökologie" nach möglichen Abgründen ihrer eigenen Denkweise fragt, dann sollte sie nicht nur rechts suchen.

Wie man etwa in den Debatten um die Genetik sieht, fügt sich heute ein biologistisches Denken eher in radikal-liberalistische Traditionen vom je individuellen Kampf ums Dasein respektive um die guten Plätze als in konservative Gemeinschaftsideologien. Und was die weitgehend außerhalb des neoliberalen Diskurses angesiedelten ökologischen Diskussionen angeht, so beunruhigt am meisten der im Namen naturwissenschaftlicher Aufklärung und der Bescheidenheit daherkommende Biologismus, der darin besteht, den Menschen zu nichts als einer Spezies unter vielen zu erklären. Und auch jenes NS-Ideologem, das den Expansionismus begründete, nämlich dass diejenigen ein Recht auf das Land haben, die in der Lage sind, daraus etwas zu machen, das also den Minderwertigen das Recht auf ihre Heimat abspricht, weil sie diese Fähigkeit nicht haben, ist ja bekanntlich ein Kernstück der US-amerikanischen nationalen Identität – wenn auch in radikal-liberalistischer Form. _____

Anmerkungen

(1) Bramwell, Anna (1985): Blood and Soil. Richard Walther Darré and Hitler's „Green Party". Abbotsbrook.

(2) Trepl, Ludwig (1997): Ökologie als konservative Naturwissenschaft. Von der schönen Landschaft zum funktionierenden Ökosystem. In: Eisel, Ulrich/Schultz, Hans-Dietrich (Hrsg.): Geographisches Denken. Urbs et Regio. Sonderband 65, S. 467-492.

(3) „Konservative Revolution" ist ein wissenschaftlicher Sammelbegriff für eine Gruppe ideologischer Strömungen und der sie tragenden Akteure, die sich im Kontext der Weimarer Republik entwickelten. Gemeinsam waren ihren Ideologien entschieden antiliberale, antidemokratische und antiegalitäre Züge.
Vgl. u.a. Sontheimer, Kurt (2000): Antidemokratisches Denken in der Weimarer Republik. München.

(4) Bensch, Margrit (2008): Rassismus als kulturelle Entwicklungstheorie. Formen biologischen Denkens im Sozialdarwinismus. Dissertation an der Technischen Universität Berlin.
Körner, Stefan (2001): Theorie und Methodologie der Landschaftsplanung, Landschaftsarchitektur und Sozialwissenschaftlichen Freiraumplanung vom Nationalsozialismus bis zur Gegenwart. Landschaftsentwicklung und Umweltforschung. Technische Universität Berlin Nr. 111.

(5) Trepl, Ludwig (2012): Die Idee der Landschaft. Bielefeld.

(6) Eisel, Ulrich (2004): Konkreter Mensch im konkreten Raum. Individuelle Eigenart als Prinzip objektiver Geltung. Arbeitsberichte Geographisches Institut, Humboldt-Universität zu Berlin, Heft 100, S. 197-210.

Was stünde auf Ihrem T-Shirt/Plakat gegen grüne Braune?

Ein T-Shirt mit Aufschrift oder ein Plakat zu tragen liegt derart weit jenseits dessen, was ich mir vorstellen kann, dass ich mir auch die Aufschrift nicht vorstellen kann.

Zum Autor

Ludwig Trepl, geb. 1946, ist emerit. Professor für Landschaftsökologie an der TU München.

Davor war er u.a. Privatdozent am Institut für Ökologie der TU Berlin und arbeitete am Institut für ökologische Wirtschaftsforschung (IÖW).

Kontakt

Prof. em. Dr. Ludwig Trepl
ehem. Lehrstuhl für Landschaftsökologie
der Technischen Universität München
Emil-Ramann-Str. 6
D-85350 Freising-Weihenstephan
E-Mail ltrepl@gmx.de

Eine kurze Umweltgeschichte von 1933 bis 1945

Wie grün waren die Nazis?

Von Frank Uekötter

Wo sich Möglichkeiten boten, kannten die Naturschützer im Nationalsozialismus wenig Skrupel. Andererseits hatte die Bewegung kaum altgediente Nazis in ihren Reihen. – Der Versuch, Klarheit in ein kompliziertes Beziehungsgeflecht zu bringen.

——Wer die schriftlichen Hinterlassenschaften der NS-Zeit durchstöbert, stößt auch beim Naturschutz über kurz oder lang auf üble Zitate. Da ist dann zum Beispiel zu lesen, dass man „im Interesse der Wiederverwurzelung unseres Volkes, der Abwehr des bolschewistischen Geistes, die heute noch naturhaft gebliebenen Landschaften erhalten" möge. (1) Ein dem deutschen Bauern und Soldaten gewidmetes Lehrbuch feiert „die nordische Landschaftssehnsucht" und stellt sie der parasitären Einstellung der Menschen Osteuropas gegenüber: „Der ostische Mensch hat es nie verstanden, die Güter der Schöpfung fortzuentwickeln." (2) Und manchmal ist gar die Rede von „einer monomanischen Entartung und materialistischen Übersteigerung des Geschäftssinnes", die möglicherweise „auf eine Infektion mit jüdischem Giftstoff zurückzuführen" sei. (3)

Eine Zeit lang bestanden Beiträge zur Umweltgeschichte des NS-Staats vor allem aus solchen Zitaten, die mit empörtem Unterton, aber ohne tiefer gehende Analyse referiert wurden. Inzwischen ist die Forschung weiter. Das bloße Entsetzen erklärt schließlich noch nicht, was hinter den Zitaten steckte. Waren die Naturschützer fanatisch überzeugte Nazis – oder gnadenlose Opportunisten, die sich den neuen Machthabern anbiederten? Und geht es um mehr als ein paar fehlgeleitete Individuen? Gab es im NS-Staat ein ernsthaftes Bemühen um den Schutz der Umwelt oder gar eine „grüne Partei", wie die Historikerin Anna Bramwell in den 1980er-Jahren behauptete? (4)

Um zumindest dies vorwegzunehmen: Eine „grüne Fraktion" gab es im Nationalsozialismus nicht, und Bramwells Buch entpuppte sich rasch als kalkulierte Provokation auf dünner Quellengrundlage. Wenn sich überhaupt ein durchgängiges Merkmal für den Umgang mit Umweltproblemen im NS-Staat erkennen lässt, dann war es ein konsequenter Opportunismus: Entscheidungen ergaben sich vor allem spontan, je nach Interessen- und Akteurskonstellation und (seltener) ideologischem Flair. So ziehen sich dramatische Kurswechsel durch die Umweltgeschichte der NS-Zeit. Dauerwald, Tierschutz, Begleitplanung beim Autobahnbau – es gibt kaum ein Thema, bei dem sich über die zwölf Jahre hinweg so etwas wie eine durchgängige Linie erkennen lässt. Es ging bei Natur und Umwelt eben nicht um nationalsozialistische Schlüsselthemen wie Aufrüstung und Judenhass, wo die Ansichten unverrückbar waren. Bei der natürlichen Umwelt gab es ein breites Spektrum unterschiedlicher Gruppierungen mit wechselnden Bündnissen und Konjunkturen. Die biologisch-dynamische Landwirtschaftslehre wurde zum Beispiel in zwölf turbulenten Jahren gleichermaßen Opfer von Verboten, Hobby von Nazigrößen, Experimentierfeld der Autarkiepolitik und Komplizin des Genozids. Selbst bei der ideologischen Aufladung gab es unterschiedliche Optionen und erst recht keinen unmittelbaren Zwang. Soweit bekannt geriet kein einziger Naturschützer in Schwierigkeiten, weil er auf eine nationalsozialistisch eingefärbte Rhetorik verzichtete.

Keine Einbahnstraße in den NS-Staat

Versuchen wir, das Gewirr der Ereignisstränge aufzulösen. (5) Die deutsche Natur- und Heimatschutzbewegung entstammte einem Milieu, das gleich in mehrfacher Beziehung ideologisch anfällig war. Konservatismus, Niedergangsängste und ein strammer Nationalismus waren in solchen Kreisen allemal salonfähig – aber das bedeutete noch längst keine Einbahnstraße in den NS-Staat. Es ist nach Auschwitz

„ „Der größte Erfolg der NS-Zeit, das Reichsnatur-schutzgesetz von 1935, war bezeichnenderweise ein Zufallsprodukt. "

schwierig geworden, den zwanglosen Umgang nachzuvollziehen, den das wilhelmi-nische Bildungsbürgertum mit antidemokratischen und antisemitischen Strömungen pflegte (vgl. S. 24 ff.). Missmutig registrierte beispielsweise Ernst Rudorff, der als einer der Begründer des deutschen Natur- und Heimatschutzes gilt, im Aufruf zur Gründung des Bundes Heimatschutz den Namen des jüdischen Bankiers Alexander Meyer-Cohn, obwohl dieser als Direktor eines Trachtenmuseums unterschrieb (und dass er auch keine Frauen als Unterzeichner wollte, machte die Sache nicht wirklich besser). Gewiss kein sympathisches Verhalten – aber von ideologischem Fanatismus oder gar Pogromstimmung war derlei doch weit entfernt.

Neben den ideologischen Bezügen gab es die praktische Politik: Die Naturschützer und andere Aktive hofften auf einen neuen Aufschwung ihrer Arbeit und eine ent-sprechend tatkräftige Unterstützung durch den Staat. Die Aufbruchstimmung der Zeit um 1900 war nach Kriegs- und Nachkriegsnöten verflogen, und die Weimarer Republik war für die meisten ökologischen Bewegungen eine Zeit ohne große Erfol-ge; da lag die Hoffnung nahe, dass die Karten nach 1933 neu gemischt würden. Zudem hatten die Naturschützer Forderungen, die der demokratische Rechtsstaat nicht erfüllen konnte, so etwa die Möglichkeit der Enteignung naturschutzwürdiger Flächen. Hatte die NSDAP in ihrem Parteiprogramm von 1920 nicht ausdrücklich erklärt, Gemeinnutz gehe vor Eigennutz?

Nach der Machtergreifung 1933 plagte die Naturschützer jedoch zunächst ein sehr viel handfesteres Problem: Man hatte praktisch keine Beziehungen zu den neuen Herrschern. Es gab in der nationalsozialistischen Bewegung kein Äquivalent zu den sozialdemokratischen Naturfreunden, und umgekehrt hatte die Naturschutzbewe-gung kaum altgediente Nazis in ihren Reihen. Leute wie der Biologe und Naturschüt-zer Walther Schoenichen, die nach der Machtergreifung hurtig in die Partei eintraten,

beeindruckten die „alten Kämpfer" denkbar wenig. Das waren die „Märzgefallenen",
deren taktische Motive offenkundig waren. All das lief in den ersten Monaten der
NS-Herrschaft auf eine große Unsicherheit hinaus. Niemand konnte wissen, was die
neuen Machthaber für die eigenen Anliegen bedeuten würden, ja selbst Regeln für
das erwünschte Verhalten im totalitären Staat waren nur in groben Umrissen erkennbar. Klar war allenfalls, dass ein passives Warten auf Signale von oben wenig
Erfolg versprach. Der Nationalsozialismus belohnte vor allem Männer der Tat. „Dem
Führer zuarbeiten" nannte das Ian Kershaw in seiner monumentalen Hitler-Biografie.
(6) Die ungeheure Dynamik des NS-Regimes hing stark an den Initiativen von Personen, die nicht lange auf Kommandos und Richtlinien warteten, sondern forsch
vorangingen und dann schauten, wie das eigene Handeln an hoherer Stelle bewertet wurde. Etliche dieser Initiativen versandeten folgenlos, andere zündeten. Vorher
wissen konnte man das in den seltensten Fällen.

Das machte den Naturschützern durchaus Hoffnung. Aber zugleich standen sie
damit auf einer abschüssigen Ebene. Der Nationalsozialismus honorierte Annähe-
rungen und Affinitäten. Aber wie weit sollte man gehen? Sollte man eigene Anliegen zum Beispiel ideologisch aufhübschen oder reichte der Charme der Sache? Auch
die besonderen Opportunitätsstrukturen des NS-Staats gaben Grund zum Nachdenken. Sollte man sich zum Beispiel für Pflegearbeiten in Naturschutzgebieten um KZ-
Häftlinge bemühen? Für das Konzentrationslager Flossenbürg ist ein solcher Versuch
dokumentiert. Ein moralischer Tiefpunkt war der Versuch, Reichsführer-SS Heinrich
Himmler 1943 zur Parteinahme im Kampf um die Wutachschlucht im Südschwarz-
wald zu bewegen. Wo sich im NS-Staat attraktive Möglichkeiten boten, kannten die
Naturschützer erschreckend wenig Skrupel.

Segen von ganz oben

Der größte Erfolg der NS-Zeit, das Reichsnaturschutzgesetz von 1935, war bezeich-
nenderweise ein Zufallsprodukt. Das Gesetz fiel den Naturschützern quasi in den
Schoß, als Hermann Göring sich in stockende verwaltungsinterne Debatten einschal-
tete und das Gesetz im Hauruckverfahren durchs nationalsozialistische Kabinett
brachte. In einem mythenumrankten Telefongespräch mit dem Reichsminister für
Wissenschaft, Erziehung und Volksbildung Bernhard Rust sicherte sich Göring die

Zuständigkeit für den Naturschutz, und die Tat war für die Aktiven nicht weniger wichtig als das Ergebnis: Endlich genoss das so lange marginalisierte Anliegen den Segen von ganz oben. „Nun hat der Reichsforstmeister Göring auch den Naturschutz in seine starke Hand genommen und unseren Bestrebungen das reichsgesetzliche Rückgrat gegeben", jubelte der Bund Naturschutz in Bayern in einem Rundschreiben an Gruppenführer und Vertrauensmänner. (7) In Wirklichkeit blieb die Unterstützung durch Göring nach 1935 die Ausnahme. Göring scheint am Naturschutz vor allem zweierlei interessiert zu haben: zum einen ein weiterer Titel – derlei sammelte er bekanntlich wie andere Briefmarken –, zum anderen die Förderung der Schorfheide bei Berlin, in der er seinen quasifeudalen Landsitz Carinhall unterhielt. Görings Regiment in der Schorfheide kostete Geld, und da bot der Naturschutz Möglichkeiten, etwa über eine speziell eingerichtete Stiftung Schorfheide.

Nach 1945 bleibt die Naturschutzvergangenheit tabu

Auch wenn sich die große Politik anderen Themen zuwandte, blieb das Reichsnaturschutzgesetz doch ein beeindruckendes Werk – vielleicht das beste Naturschutzgesetz seiner Zeit. In zahllosen lokalen Konflikten bemühten sich die Naturschützer, die neuen Optionen auszureizen, nicht selten unter Drohung mit der neuen Enteignungsoption. Auf die stockende Arbeit in den Weimarer Jahren folgte ein fieberhafter Boom im NS-Staat, der bei den Aktiven einen tiefen Eindruck hinterließ. Das nationalsozialistische Deutschland war das einzige Land Europas, das in den 1930er-Jahren einen Aufschwung der Naturschutzarbeit erlebte.

All das sorgte für ein dichtes Geflecht von Komplizenschaften, das nach dem Ende des NS-Regimes zum Problem wurde. 1947 veröffentlichte die bayerische Naturschützerin Edith Ebers einen Essay über „neue Aufgaben der Naturschutzbewegung", der zum kritischen Nachdenken aufrief: „Der katastrophale Zusammenbruch, den unser staatliches und volkliches Dasein erlitten hat, läßt erahnen, dass auch hier, in unserer Naturbeziehung, irgend etwas nicht mehr in Ordnung war", erklärte Ebers in einem der anrührendsten Dokumente der deutschen Naturschutzgeschichte. (8) Im restaurativen Klima der Nachkriegsjahre blieb derlei freilich die Ausnahme. Der Naturschutz hielt sich lieber an Hans Klose, seit 1938 Leiter der Reichsstelle für Naturschutz, der die verbliebenen Mitstreiter im Sommer 1945 mit den folgenden martialischen Sätzen um sich scharte: „Nur der ist heute in unseren Reihen tragbar, der fanatisch gewillt ist, sich mit aller Kraft für die heute mehr denn je bedrohte, gleichzeitig aber im Werte mehr denn je gestiegene Heimatnatur und Heimatlandschaft einzusetzen." (9) Für eine Naturschutzszene, die nur zu gut wusste, dass sie sich in der Kollaboration mit dem NS-Regime die Finger verbrannt hatte, war das die ideale Devise: Reihen schließen, entschlossene Arbeit, Konzentration auf das Hier und Jetzt. Die eigentlich fällige Debatte über die eigene Vergangenheit blieb deshalb schon im Ansatz stecken.

Wachsam bleiben

So blieben ideologische und personelle Kontinuitäten, die zunächst nur langsam und ohne öffentliches Aufsehen aussortiert wurden. Die schleichende Demokratisierung des populären Wettbewerbs „Unser Dorf soll schöner werden", der zunächst tief in Traditionen einer nationalsozialistischen „Volkspflege" gründete, war dafür ein anschauliches Beispiel. (10) Zum Skandal wurden die Bezüge erst, als der Generationenwechsel längst im Gange war. An der Universität Hannover wurde die NS-Vergangenheit des 1958 emeritierten Hochschullehrers Heinrich Wiepking Ende der 1960er-Jahre zu einem populären Thema der Studentenbewegung.

Bei Wiepking, der an der Landschaftsplanung für die eroberten Ostgebiete mitgewirkt hatte, fiel ein Verdammungsurteil tatsächlich leicht; aber eine solche Eindeutigkeit besaß das Thema nur selten. Erst nach und nach begann die historische Forschung, ein nuanciertes Bild des naturschützerischen Alltags zu zeichnen, das meiste entzog sich einer einfachen moralischen Bewertung. Andererseits konnte man sich auch bei jenen, die halbwegs anständig durch die NS-Zeit gekommen waren, nicht wirklich sicher sein. Vielleicht hatte es ganz einfach an einer der einschlägigen Versuchungen gefehlt?

Das macht es auch schwierig, die Frage nach den Konsequenzen für die gegenwärtige Umweltbewegung zu beantworten. Es gibt keine einfache Lehre aus der NS-Zeit, die sich für alle Zeiten ins Poesiealbum der Umweltbewegung kleben ließe. Das Thema bleibt ein kompliziertes: Es geht um ideologische Affinitäten und dubiose Bündnispartner, um Zwänge totalitärer Gesellschaften und die Bereitschaft zur Selbstmobilisierung. Die braune Gefahr hatte mehr als eine Form und mehr als einen Ort, an denen sie sich manifestierte. Das ist wohl auch der Grund, warum sie für die heutige Umweltszene so beunruhigend ist. Gegen polyvalente, also in mehrfache Richtungen wirksame Bedrohungen gibt es eben keine Patentrezepte. Man wird wohl einfach wachsam bleiben müssen. ———

Anmerkungen

(1) Staatsarchiv Würzburg Landratsamt Bad Kissingen Nr. 1237: „Was muß der Gendarmerie-beamte vom Naturschutz wissen?" Vortrag bei der Bezirksversammlung der Gendarmerie in Garmisch-Partenkirchen am 7.11.1938 von Hans Kobler beim Bund Naturschutz in Bayern e.V. München, S. 4.

(2) Wiepking-Jürgensmann, Heinrich Friedrich (1942): Die Landschaftsfibel. Berlin, S. 24 f.

(3) Schoenichen, Walther: Biologie der Landschaft. Neudamm/Berlin 1939, S. 76.

(4) Bramwell, Anna (1985): Blood and Soil. Walther Darré and Hitler's Green Party. Abbotsbrook.

(5) Für den Versuch einer umfassenden Gesamtdarstellung vgl. Uekötter, Frank (2006):
The Green and the Brown. A History of Conservation in Nazi Germany. Cambridge/New York.

(6) Kershaw, Ian (1998): Hitler 1889-1936. Stuttgart.

(7) Staatsarchiv Würzburg Landratsamt Bad Kissingen Nr. 1237: Bund Naturschutz in Bayern an die Gruppenführer und Vertrauensmänner vom 28.8.1935.

(8) Ebers, Edith (1947): Neue Aufgaben der Naturschutzbewegung. München, S. 3.

(9) Westfälisches Archivamt Münster Bestand 717 Akte „Reichsstelle (Bundesstelle) für Natur-schutz (und Landschaftspflege)". Der Direktor der Reichsstelle für Naturschutz, Denkblätter der Reichsstelle für Naturschutz über die künftige Wahrnehmung von Naturschutz und Landschafts-pflege, 26. Juni 1945, S. 4.

(10) Strube, Sebastian (2013): Euer Dorf soll schöner werden. Ländlicher Wandel, staatliche Planung und Demokratisierung in der Bundesrepublik Deutschland. Göttingen.

Was stünde auf Ihrem Plakat gegen grüne Braune?
Als guter deutscher Geistes-wissenschaftler bin ich mit so einer Aufgabe natürlich überfordert. Aber ich habe schon eine prima Idee für die Fußnote!

Zum Autor
Frank Uekötter, geb. 1970, Historiker, ist Dil-they-Fellow am Forschungsinstitut des Deut-schen Museums und LMU-Fellow am Rachel Carson Center in München.

Kontakt
PD Dr. Frank Uekötter
Rachel Carson Center
Leopoldstr. 11a
D-80802 München
Fon ++49/(0)89/14 33 07 58
E-Mail Frank.Uekötter@carsoncenter.lmu.de

Die Entwicklung brauner Parteien und Institutionen nach 1945

Heimat in der Rechtsaußenposition

Von Johannes Melchert

Lange vor den 1968ern und der linken Umweltbewegung haben rechtskonservative und -extreme Parteien und Gruppen den deutschen Naturschutz maßgeblich (mit-)bestimmt. Auch wenn im Bundesnaturschutzgesetz nichts mehr davon zu lesen ist: Die Tradition, Natur- als Heimatschutz zu propagieren, ist ungebrochen.

1897 erscheint Ernst Rudorffs Werk mit dem Titel „Heimatschutz", welches gleichsam den Begriff selbst prägt. Seinem Verständnis nach stehen sich Mensch und Natur in spiegelbildlicher Weise gegenüber. So ist der Zustand der Heimat bezeichnend für die Verfasstheit ihrer Bewohner und die Stärke der Bindungen an ihr Land: Heimat ist etwas Vertrautes und jede Neuerung ist ein Eindringen. Dass dieser Gedanke weiterbesteht, zeigt sich bis heute beinahe im gesamten rechten Spektrum.

Rudorff sah die Heimat vor allem durch den um die Jahrhundertwende zunehmenden Tourismus gefährdet. Nicht mehr die stille Andacht war nun in der Natur möglich, sondern die Natur wurde den Tourist(inn)en – den Fremden – zur Schau gestellt. Auch um diese Entwicklung abzuwehren, wird Rudorff 1904 Gründer und geistiger Vater der ersten Organisation im deutschen Naturschutz, dem „Bund Heimatschutz".

In der Weimarer Republik schaffte es der Naturschutz in den Rang eines Staatsziels. Weil das Fundament des Heimatschutzes aber politisch klar verortet war, konnte die Weimarer Republik den Protagonisten keine entsprechende politische „Heimat" bieten. „Die Heimatschutzbewegung schwenkte stattdessen bereits während der zwanziger Jahre, dann mit immer klarerer Stoßrichtung seit 1930, in das völkische und rassistische Lager ein". (1) Vor allem aus den Reihen der Jugendbewegung, wie etwa der Wandervögel, gab es einen großen Zuspruch.

Schweres Erbe für den Nachkriegsnaturschutz

Erstmalig in Gesetzesform tauchte der Naturschutz im Reichsnaturschutzgesetz von 1935 auf (vgl. S. 32 ff.). Hier heißt es in Paragraf 1, das Gesetz diene dem Schutz und der Pflege der heimatlichen Natur in all ihren Erscheinungen. Naturschutz und Heimatschutz bekamen plötzlich ein scheinbar größeres Gewicht, was für die damaligen Protagonisten eine unwiderstehliche Anziehungskraft gehabt haben musste. Die Heimat- und Naturschützer wurden nämlich mitnichten von den Nazis vereinnahmt, sondern ließen sich gern mit den neuen Machthabern ein.

Interessant für die Naturschutzkonzeption in der Bundesrepublik Deutschland ist an dieser Stelle aber weniger die Position des Heimatschutzes im Dritten Reich, sondern vielmehr, mit welcher Kontinuität die Errungenschaften von vor 1945 auf mehreren Ebenen in der Bundesrepublik weitergeführt wurden. Augenfällig ist hier vor allem das Reichsnaturschutzgesetz, das bis Ende der 1970er-Jahre in Kraft blieb. Aber nicht nur das Gesetz blieb bestehen: „Nach dem Krieg strichen Heimatschützer und Landschaftsplaner nur die offensichtlich nationalistischen und rassistischen Formulierungen aus ihren Texten, doch ihre Heimat- und Landespflegekonzepte beruhten nach wie vor auf der völkischen Annahme, dass der Charakter einer Bevölkerung durch den von ihr besiedelten Landschaftsraum maßgeblich beeinflusst werde". (2) Dies basiert maßgeblich auf einigen Personalkontinuitäten, die ein schweres Erbe, auch für den deutschen Naturschutz der Nachkriegszeit darstellen. Zu diesem Kreis gehört auch der Mitverfasser des Reichsnaturschutzgesetzes, Walther Schoenichen, der in seinem Buch „Naturschutz, Heimatschutz" von 1954 die großen Verdienste Rudorffs folgendermaßen begründet: „[...] Ernst Rudorff [wusste] um die Geheimnisse der deutschen Volksseele. Die immer drastischer in Erscheinung tretenden

Verfallserscheinungen in der Gestaltung des Orts- wie des Flurbildes erkannte er als den Ausdruck einer fortschreitenden Lockerung der Bindung an Scholle und Heimat und damit als eine Abwendung von dem Urquell, aus dem unsere gesamte Kultur Sein und Wesen geschöpft hatte". (3) Eine kritische Auseinandersetzung mit Rudorffs Vorstellungen, die auch im Nationalsozialismus aufgenommen wurden, ist nicht zu bemerken. Auch eine Abwendung von völkischer Argumentation ist nicht zu erkennen, und die Moderne gilt Schoenichen als Gift.

Im Nachkriegsdeutschland tauchten nun auch andere Heimatschützer auf, deren Ziele nicht primär naturschützerische waren. Die Vertriebenen wollten ihre verlorene Heimat wiederhaben und so bekam der Begriff Heimat eine zusätzliche negative Konnotation. Heimat stand im Zusammenhang mit den Vertriebenenverbänden auch immer für die Weigerung, den Verlust der Ostgebiete anzuerkennen.

Erst infolge der 1968er-Bewegung kam es zu einer echten Neuorientierung hin zu einem Naturschutz nach heutigem Verständnis: „Die [...] Ökologiebewegung und die sich entwickelnden Biowissenschaften schufen ein Vokabular, das den Begriff »Heimat« mit samt seinen kulturellen, ethischen und emotionalen Anteilen aus dem Naturschutz verdrängte". (4) Zu der Neuerung der Begriffe kam nun auch eine ganz neue gesellschaftliche Gruppe, die diesem Thema eine hohe Bedeutung zusprach und es gleichzeitig stärker in das linke politische Lager integrierte. Dieser Prozess vollzog sich auch auf staatlicher Seite. Zeichen hierfür ist nicht zuletzt das Inkrafttreten des Bundesnaturschutzgesetzes im Jahre 1977. In diesem Gesetz wurde nicht nur „Reichs" durch „Bundes" ersetzt, sondern es spiegelt die tatsächliche Abkehr von traditionalistischen, völkischen und zum Teil auch von konservativen Denkweisen wider. Das Wort Heimat sucht man hier vergebens – vielmehr trifft man auf naturwissenschaftliche Begrifflichkeiten, auf nüchterne Kategorien, aber auch auf ästhetische Argumente.

„Ausländer raus" wissenschaftlich begründet

Doch die lange Tradition des Heimatschutzes im Naturschutz hörte damit selbstverständlich nicht plötzlich auf, sondern verschwand lediglich aus dem etablierten Naturschutzdiskurs in Politik, Gesellschaft und Wissenschaft. In Abgrenzung dazu kam es zu einer Entwicklung, die als „Braune Ökologie" beschrieben wird. Im Jahr

2004 feierte der „Bund Heimat und Umwelt in Deutschland – Bundesverband für Natur- und Denkmalschutz, Landschafts- und Brauchtumspflege", der Nachfolger des von Rudorff gegründeten „Bund Heimatschutz", sein 100-jähriges Jubiläum – ein Zeichen für die Langlebigkeit seiner Idee.

Prominente jüngere Gruppen sind hier der „Weltbund zum Schutz des Lebens" (WSL), der in Deutschland seit 1960 existiert, und die „Aktionsgemeinschaft Unabhängiger Deutscher" (AUD) (vgl. S. 46 ff.). Es waren wieder Personalkontinuitäten, die zu einem Erfolg dieser Verbände und der von ihnen getragenen Ideologie führten. So war der NSDAP-Funktionär Werner Haverbeck lange Jahre Präsident des WSL und prägte auch darüber hinaus maßgeblich die Ökologie von rechts.

> **„ Die NPD hat es verstanden, das Thema Ökologie als extrem rechte Position stark zu machen und populistisch auszunutzen. "**

Diese Bewegung hat es verstanden, rechte Weltbilder zu erneuern und sie von allzu offensichtlich irrationalen Begründungen zu befreien. Die Argumentationsgerüste der Neuen Rechten waren „ein besonderer Fall der allgemeinen Tendenz, naturwissenschaftliche Kategorien auf gesellschaftliche Zusammenhänge zu übertragen". (5) Damit gelang ihnen eine viel größere Anschlussfähigkeit, da sie in scheinbar objektiven Kategorien argumentierten. In diesem Zuge konnten nun Ausländer(innen) zu einem „ökologischen Problem" gemacht werden, und die Ungleichheit der Völker ließ sich neu begründen; so geschehen unter anderem in „Das unvergängliche Erbe. Alternativen zum Prinzip der Gleichheit" von Pierre Krebs, der wiederum ein Gründungsmitglied des Thule-Seminars ist, einer Art Think Tank der Neuen Rechten.

Haverbeck gelang es, mit seiner völkischen Interpretation von Ökologie auch die plumpe Parole „Ausländer raus" auf eine scheinbar wissenschaftliche Basis zu heben. Er proklamiert – wie andere aus diesem Flügel auch und ganz im alten Stil – eine untrennbare Verbindung der Menschen und der Völker mit ihrer Heimat. Nicht nur Tiere und Pflanzen seien eingebunden in die Natur und müssten an ihrem Ort geschützt werden, sondern auch die Menschen könnten sich nur dort entfalten, wo sie autochthon sind: Völker könnten nur dort leben, wo sie ursprünglich angesiedelt sind (vgl. S. 24 ff.). Überdeutlich zeigen sich hier Gefahren, die aus einer Vorstellung der engen Bindung an die Heimat resultieren.

Die extremrechten Wurzeln der ÖDP

Selbst die Gründung der Partei der Grünen spielte sich nicht vollkommen losgelöst von diesem Flügel der Ökologiebewegung ab, aber es konnten sich im Laufe der Zeit andere Kräfte innerhalb der Partei durchsetzen und so wurde der Einfluss der Neuen Rechten verhindert. Dies war aber gleichsam die Voraussetzung für die Gründung der Ökologisch Demokratischen Partei (ÖDP) durch Herbert Gruhl und Baldur Springmann. Letzterer gehörte schon zu den Kräften des WSL. Besonders Gruhl vertrat mit seinen völkischen Ansätzen und der immer wiederkehrenden Logik von ökologischen Gesetzmäßigkeiten auf den Menschen eine Rechtsaußenposition.

Im Bundesvorstand der ÖDP saß bis 1989 auch Heinz-Siegfried Strelow. Als Mitarbeiter von Herbert Gruhl hatte auch er wenig Interesse, sich klar vom rechtsextremen Lager abzugrenzen. Und ähnlich wie Schoenichen verlangte auch er eine Rückbesinnung auf die Anfänge des Natur- und Heimatschutzes, lieferte zunächst in „Wir selbst" 1991 ein bemerkenswert unkritisches Bild Rudorffs und stilisierte dann 1993 in der rechtskonservativen Zeitschrift „Criticón" den Kulturhistoriker Wilhelm Heinrich Riehl zu einem Vordenker, obwohl er im gleichen Artikel ausführt, dass Riehl „monarchischer Föderalist" war und für den „Blut-und-Boden-Mythos" stand.

Mittlerweile distanziert sich die ÖDP von ihren extremrechten Wurzeln und hebt nunmehr ihr konservatives Profil hervor. Dagegen rühmen sich die Unabhängigen Ökologen Deutschlands (UÖD) nach wie vor mit den Namen Gruhl und Springmann. Die UÖD zeichnet sich vor allem durch die technikfeindliche und heimatschützerische Position aus, die auch hier einhergeht mit einwanderungsfeindlichen Argumenten. Aus einer konsequent biologistischen und ökologistischen Begründung heraus steht die UÖD für eine strikte Trennung der Völker. Als „braun-grüne Avantgarde" will die UÖD vor allem innerhalb des rechts-konservativen und rechtsextremen

Lagers Einfluss erlangen. (6) Wenngleich Kräfte wie die UÖD Einfluss innerhalb der rechten Szene haben, wirken sie nur sehr bedingt in die breite Bevölkerung hinein.

Regenerative für die Unabhängigkeit des „deutschen Volkes"?

Am wirkungsvollsten und politisch erfolgreichsten muss daher wohl die Nationaldemokratische Partei Deutschlands (NPD) gelten. Sie hat seit den 1970er-Jahren ihre Position zur Ökologie kontinuierlich weiterentwickelt. Unter der Überschrift „Volksgesundheit und Umweltschutz" findet sich in ihrem „Düsseldorfer Programm" von 1973 nicht nur die Ideologie der Volksgemeinschaft, sondern auch die daraus entstehenden rassistischen und menschenverachtenden Positionen wieder.

Im aktuellen, 2010 in Bamberg verabschiedeten Parteiprogramm stehen die ökologischen Aussagen der Ablehnung von Genpatenten, von genetisch veränderten Lebensmitteln und der industriellen Landwirtschaft weiterhin für eine völkisch-nationale Politik. Die Nutzung regenerativer Energien diene vor allem der Unabhängigkeit des „deutschen Volkes" vom Ausland. Andererseits sind andere Positionen durchaus mehrheitsfähig. Die Forderung „Jegliches natürliche Leben darf weder als Ganzes noch in Teilen privatisiert oder der Allgemeinheit vorenthalten werden" zeigt die Ablehnung gegenüber großen – zumeist amerikanischen – Unternehmen, ist andererseits aber eine Forderung, der sich viele Menschen, wenn auch aus anderen Gründen, anschließen können. Der amerikanische Kapitalismus ist der NPD scheinbar ein größerer Feind als linke Kräfte im eigenen Land.

Die NPD hat es verstanden, das Thema Ökologie als extrem rechte Position stark zu machen und populistisch auszunutzen. Dort wo sie in den Landtagen vertreten ist, hat sie mit diesem Fokus sympathische und für die Allgemeinheit nachvollziehbare Themen für ihre politische Arbeit gefunden: Kritik an Genmais und Atomkraftwerken oder auch die Befürwortung regionaler Wirtschaftskreisläufe. So lässt es sich leichter Wahlkampf machen. Zudem bietet die NPD rechten Ökolog(inn)en eine politische Heimat, und durch ihre völkischen und heimatschützerischen Argumente aktualisiert sie immer wieder einhundert Jahre alte Argumente. Auf diese könnte der Naturschutz in einer Demokratie allerdings gut verzichten. ——

Anmerkungen

(1) Ott, Konrad (2004): „Heimat" – Argumente als Naturschutzbegründungen in Vergangenheit und Gegenwart. In: Institut für Landschaftspflege und Naturschutz (Hrsg.): Der Heimatbegriff in der Nachhaltigen Entwicklung. Inhalte, Chancen und Risiken. Weikersheim, S. 79-102.

(2) Engels, Jens Ivo (2006): Naturpolitik in der Bundesrepublik: Ideenwelt und politische Verhaltensstile in Naturschutz und Umweltbewegung 1950-1980. Paderborn, S. 53.

(3) Schoenichen, Walther (1954): Naturschutz, Heimatschutz: ihre Begründung durch Ernst Rudorff, Hugo Conwentz und ihre Vorläufer. Stuttgart, S. 298.

(4) Olomski, Ronald (2004): Heimat – vom Unwort zum Zukunftsbegriff. In: Institut für Landschaftspflege und Naturschutz (Hrsg.): Der Heimatbegriff in der Nachhaltigen Entwicklung. Inhalte, Chancen und Risiken. Weikersheim, S. 169-174.

(5) Jahn, Thomas/ Wehling, Peter (1991): Ökologie von rechts: Nationalismus und Umweltschutz bei der neuen Rechten und den „Republikanern". Frankfurt am Main, S. 25.

(6) Geden, Oliver (1999): Rechte Ökologie: Umweltschutz zwischen Emanzipation und Faschismus. Berlin, S. 89-133.

Was stünde auf Ihrem T-Shirt/Plakat gegen grüne Braune?

Meine Heimat ist nazifrei.

Zum Autor

Johannes Melchert, geb. 1982, Politik- und Kommunikationswissenschaftler, arbeitet am Göttinger Institut für Demokratieforschung im Projekt Kinderdemokratie und zu Lokalpolitik und Rechtsextremismus.

Kontakt

Johannes Melchert
Göttinger Institut für Demokratieforschung
Georg-August-Universität Göttingen
Weender Landstraße 14, D-37073 Göttingen
Fon ++49/(0)551/39 17 01-07
E-Mail johannes.melchert@demokratie-goettingen.de

Sozial-ökologische Problemlagen im rechtsextremen Denken

Artenschutz für das Volk

Von Gideon Botsch und Christoph Kopke

Besorgt um den „biologischen Bestand" des deutschen Volkes wettern Rechtsextreme gegen „schädliche Einflüsse von außen", seien es Schadstoffemission oder Zuwanderer. – Umweltschutz und das zutiefst menschenfeindliche Weltbild der Rechten greifen erschreckend gut ineinander.

━━━ „Unterwanderung des Biolandbaus durch Rechtsextreme" titelte die Süddeutsche Zeitung am 13. April 2012, als sie über verschiedene Beispiele für die Verbindung völkischer Ideologie und Politik mit Aktivitäten im Umweltschutz berichtete. Eine solche Wortwahl suggeriert, die Nationaldemokratische Partei Deutschland (NPD) und andere Rechtsextreme würden vor allem aus taktischen Motiven versuchen, ein unverdächtiges Thema zu „besetzen". Diese Sicht enthält zwar durchaus einen wahren Kern, greift insgesamt aber zu kurz. Denn Angehörige des „nationalen Milieus" haben das Thema Natur und Umweltschutz nicht erst vor Kurzem entdeckt. Das lässt sich etwa an Huwald Fröhlich aufzeigen, einem Fachhändler für ökologische Baustoffe aus Koppelow in Mecklenburg, der in der jüngsten Berichterstattung über braune Ökologen, auch in der Süddeutschen Zeitung, häufig als Beispiel für eine „Unterwanderungstaktik" angeführt wird. Aber bereits der junge Fröhlich bekannte sich emphatisch zu „grünem" Gedankengut. Er wurde bei den „Fahrenden Gesellen" sozialisiert, die noch vor dem Ersten Weltkrieg als Teil des völkisch-antisemitischen Flügels der Jugendbewegung gegründet worden waren und denen Umwelt- und Heimatschutz stets ein Anliegen blieb. Als „Jungenschaftsführer" des Vereins verkündete Fröhlich bereits 1981: „Nur durch Naturverbundenheit gibt es eine gesunde Einstellung zum Leben […] Wer um die Notwendigkeit des ‚jedes an seinem Platz' weiß, für den ist auch Heimatverbundenheit kein leeres pathetisches, vielleicht gar überholtes Wort". Es sei eine „dankbare Aufgabe für uns, uns mit dem Naturschutz auseinanderzusetzen". (1) Die Fahrenden Gesellen beteiligten sich seinerzeit auch maßgeblich an einem rechtsextremen „Arbeitskreis Überfremdung", der Zuwanderung unter anderem als eine ökologische Gefahr beschwor.

„Pläne zur Auslöschung des deutschen Volkes"

Diese Verknüpfung von Umweltproblemen mit Xenophobie und anderen Phänome nen „gruppenbezogener Menschenfeindlichkeit" (Wilhelm Heitmeyer) – namentlich dem Antisemitismus – erweist sich als ein wiederkehrendes oder charakteristisches Motiv, wenn im Kontext extrem rechter Politik und Weltanschauung Probleme der Ökologie thematisiert werden. Zwischen den frühen 1970er- und frühen 1980er-Jahren, dem Zeitraum, in dem sich in den westlichen Gesellschaften die Einsicht in die „Grenzen des Wachstums" (Club of Rome) verbreitet und die Umweltschutzbewegung als neue soziale Bewegung an Dynamik gewinnt, stellt die extreme Rechte entsetzt fest, dass die deutsche Gesellschaft zukünftig immer stärker durch Zuwanderung geprägt sein wird. Bei gleichzeitig sinkenden Geburtenziffern und steigenden Abtreibungszahlen werde die „biologische Substanz" des deutschen Volkes angegriffen. Diese Vorstellung wird etwa seit 2005 in Teilen des Neonazispektrums mittels einer Dauerkampagne gegen den „Volkstod" mit Slogans wie „Demokraten bringen den Volkstod" wieder vermehrt heraufbeschworen. Oft ist diese Angst mit der Vorstellung verknüpft, es handle sich sogar um „Volksmord", da feindselige Kräfte im Verborgenen aus Machthunger, Profitgier und Hass auf das deutsche Volk dessen „Ermordung" aktiv bewirken würden. Bei diesen Kräften handle es sich um „die Juden" oder „das Judentum".

Vor allem wenn Angehörige des rechtsextremen Lagers sich in einer prägenden Lebensphase der Jugendbewegung zugehörig gefühlt hatten, mobilisierten sie seit den 1970er-Jahren erneut das Motiv der Heimat- und Naturverbundenheit und bauten es in ihre rechtsextremen Weltbilder ein. Das gilt etwa für Arthur Ehrhardt, den Herausgeber der Monatsschrift „Nation Europa", die das unangefochtene Leitmedium des Rechtsextremismus in der Bundesrepublik war. 1970 schrieb er in einem Artikel über das Judentum: „Was uns bewegt, ist nicht [...] Feindseligkeit gegen ʻdie Juden', sondern die große Sorge, daß sie – im Besitz der Macht – der gesamten Menschheit durch ihren hemmungslosen Drang zum ʻProgressismus' irreparable Schäden zufügen könnten [...] Wie wird denn die Wachstumswirtschaft, dieser unabtrennbare Bestandteil der modernen Industriegesellschaft, einmal enden? [...] Die Verantwortung für die Katastrophe, die [...] am Ende der rasenden Entwicklung steht, fällt ʻden Juden' zu, wenn sie sich weiterhin so rückhaltlos mit der Progressionsraserei gleichsetzen." (2) Noch kurz vor seinem Tod beschwor Ehrhardt 1971 „Pläne zur Auslöschung des deutschen Volks". Die Entwicklung Deutschlands zum Einwanderungsland werde „Auswirkungen auf unseren Lebensraum" haben, der „fortan andern Völkern ausgeliefert werden soll". Doch die Fremden würden „wenig Freude an diesem riesigen Fabrikhof mit seinen stinkenden Abwasserkanälen, die einst Ströme waren, an seiner zunehmend verpesteten Luft und den lebensbedrohend überfüllten Ballungsgebieten haben. Auch die trügerisch lockenden ʻFamilienhäuser' in der zersiedelten Landschaft können, sobald sie mit der fremden Brut gefüllt sind, da keinen Ausgleich bieten". Einer „gewissenlos raffgierigen Profitwirtschaft" schrieb Ehrhardt die Verantwortung zu für einen „rücksichtslosen Raubbau an der Umwelt und am biologischen Bestand des deutschen Volkes", für die „Zerstörung der Kinderfamilie durch die überwältigende Konsumpropaganda". (3) Diese Sätze kommen nicht aus weltanschaulich unbestimmten Grauzonen der Ökobewegung, sondern aus dem Kern des rechtsextremen Milieus.

Das „Naturrecht" auf Heimat

Es deutet sich dabei eine letztlich schon seit der Romantik tradierte Denkfigur an, die in den rechtsextremen Kampagnen gegen Zuwanderung seit den 1980er-Jahren wieder reaktiviert wurde: die Biologisierung sozialer und historischer Kategorien wie Volk und Nation (vgl. S. 86 ff.). „Volk" wird als eine biologische Einheit aufgefasst, als ein Erbe der Natur, das nicht weniger schützenswert sei als Tier- und Pflanzenarten, das unter einen eigenen „Artenschutz" gestellt werden müsse, denn auch bei

„ Ökologisches Denken ist nicht per se links, humanistisch oder fortschrittlich. "

Völkern müsse die „Artenvielfalt" erhalten werden. Das „Heidelberger Manifest" von 1981 formuliert das explizit: „Völker sind [...] lebende Systeme höherer Ordnung [...] Die Integration großer Massen nichtdeutscher Ausländer ist daher bei gleichzeitiger Erhaltung unserer Volkes nicht möglich [...] Jedes Volk, auch das deutsche Volk, hat ein Naturrecht auf Erhaltung seiner Identität und Eigenart in seinem Wohngebiet [...] Die Rückkehr der Ausländer in ihre angestammte Heimat wird [...] nicht nur gesellschaftliche, sondern auch ökologische Entlastung bringen" (4)

Zu den Initiatoren dieses rassistischen Manifests gehörte eine Persönlichkeit, die bis zu diesem Zeitpunkt als eine Integrationsfigur der Umweltschutzbewegung galt, nun aber offen als völkischer Vordenker auftrat und sich in den Folgejahren immer deutlicher in der extremen Rechten positionierte: der seinerzeit gerade emeritierte Bielefelder Sozialwissenschaftler und Leiter der Heimvolkshochschule „Collegium Humanum" in Vlotho, Werner Georg Haverbeck. Haverbeck war ein führender Aktivist des Weltbundes zum Schutze des Lebens (WSL). Die 1960 gegründete Organisation spielte nicht zuletzt wegen ihres kompromisslosen Anti-Atom-Kurses zeitweise eine durchaus wichtige Rolle innerhalb der ökologischen Bewegung. So war sie an der Gründung des Bundesverbandes Bürgerinitiativen Umweltschutz (BBU) beteiligt. Zwar verlor der WSL durch die von einigen Führungspersönlichkeiten offen vertretenen rassistischen und extrem rechten Positionen zunehmend an Mitgliedern und Einfluss in der Ökologiebewegung, setzte dann aber immer stärker „auf Elitebildung und Vernetzung im rechtsextremen und lebensschützerischen Spektrum." (5) Nach der Auflösung des WSL entwickelte sich das Collegium Humanum zur extrem rechten Bildungsstätte. 2008 wurde es schließlich verboten.

Der Begriff „Lebensschutz" ist in diesem Kontext umfassender gefüllt als in der gängigen Verwendung zur Kennzeichnung grundsätzlicher Abtreibungsgegnerschaft; auch Umweltschutz steht in einem größeren Kontext: Im rechtsextremen Denken erscheint die ursprüngliche Gesamtheit, das als authentisch begriffene Ganze –

Leben, Volk, Natur, Umwelt – bedroht durch schädliche Einflüsse von außen, seien es Schadstoffemissionen oder eben Zuwanderer und Zuwanderinnen.

NPD springt konjunkturabhängig aufs Thema auf

Im Zuge der Neuorientierung und Umgruppierung der extremen Rechten seit dem Scheitern der NPD als Wahlpartei 1969/70 gewann auch der Ökologiediskurs in Teilen der sich als „Neue Rechte" verstehenden Gruppen und Zirkel an Relevanz. Einzelne Personen und Gruppen suchten Mitwirkung und Anschluss an die Umwelt-schutzbewegung. Anknüpfungspunkte und Übereinstimmungen gab es zum WSL und zum rechten Flügel der entstehenden Sammlungspartei Die Grünen (vgl. S. 39 ff.). Die in den frühen 1980er-Jahren daraus entstandene wertkonservative Ökolo-gisch-Demokratische Partei (ÖDP) rang noch jahrelang um eine glaubwürdige Ab-grenzung zu extrem-rechten Positionen. Die „Grünen" entfernten Mitte der 1980er-Jahre einige rechtsextreme Aktivisten aus ihren Reihen, schon damals diskutierten die Medien eine mögliche Unterwanderung der Ökologiebewegung von rechts außen. Auch die NPD hat die Fragen von Lebens-, Heimat- und Umweltschutz schon in den frühen 1970er-Jahren aufgegriffen und 1973 in ihrem Düsseldorfer Parteiprogramm verankert. 1978 verabschiedete der Parteijugendverband „Junge Nationaldemo-kraten" ein „ökologisches Manifest". In den 1980er-Jahren legte die Partei program-matisch nach. Allerdings zeigt das Beispiel der NPD, dass ihr Interesse an der Thematik durchaus mit der Konjunktur des Themas insgesamt zusammenhängt. Aktuell hat sich die Partei immer wieder in der Ablehnung der Gentechnik in der Landwirtschaft positioniert. Auch ein Teil der Neonaziszene, vor allem die „Freien Kameradschaften", hat das Aktionsfeld Umweltschutz für sich erschlossen. Dabei gilt für die gesamte extreme Rechte: Geht es um reale umweltpolitische Fragen oder Probleme, so werden diese regelmäßig „verdichtet zu einem Bedrohungsszenario für die – ebenso konstruierte – eigene Ganzheit: Heimat und Nation". (6)

Ökologisches Denken ist nicht per se humanistisch, fortschrittlich oder links. In Verbindung mit Vorurteilen und Ressentiments, mit Rassismus und Antisemitismus lässt es sich vielmehr auch in rechtsextreme Weltanschauungen integrieren. Dabei wird das „Volk" biologisiert und zu einer eigenständigen, schützenswerten Lebens-form erklärt, das „Leben" selbst biologistisch und pseudodarwinistisch auf die Komponente des „Überlebenskampfes" reduziert. In diesem Rahmen werden Juden als Profiteure einer umweltschädlichen Wachstumswirtschaft diffamiert, Zersiedlung und Umweltverschmutzung „fremdvölkischen" Zuwanderern angelastet. Obgleich in den Augen ihrer Verfechter(innen) als „Lebensschutz" verstanden, erweist sich diese braune Ökologie somit als Spielart menschenfeindlicher Ideologien und als oberflächlich modernisierte Variante völkisch-rassistischer Weltanschauung. ———

Anmerkungen
(1) Fröhlich, Huwald: Feuerrede auf dem Bundestag 1981. In: Der Fahrende Gesell. Schrift der Fahrenden Gesellen – Bund für deutsches Leben und Wandern e. V., 2/1981, S. 1 ff.
(2) A. E. (= Arthur Ehrhardt): Die Protokolle der Weisen von Zion. In: Nation Europa 5/1970, S. 3-14.
(3) Ehrhardt, Arthur: Aufruf zum Widerstand gegen den Volksmord. Unvollendete Gedankenskizzen. In: Nation Europa 6/1971, S. 64 ff.
(4) Das Heidelberger Manifest 1981. In: Nation Europa 12/1981, S. 29 f.
(5) Geden, Oliver (1999): Rechte Ökologie. Umweltschutz zwischen Emanzipation und Faschismus. Berlin, 2. Aufl., S. 117. Vgl. dort S. 113 ff.
Ausführlich zum WSL: Schulze, Annett/Schäfer, Thorsten: „Von gesunden Körpern und natürlicher Gesellschaft". Normierungen in Wirtschaft, Politik und Wissenschaft. In: Diess. (Hrsg.): Zur Re-Biologisierung der Gesellschaft. Menschenfeindliche Konstruktionen im Ökologischen und im Sozialen. Aschaffenburg 2012, S. 23-94, bes.: S. 72 ff.
(6) Ulbricht, Justus H. (1995): Die Heimat als Umwelt des Volkes. Ökologische Denkfiguren in Ideologie und Programmatik „neurechter" Organisationen. In: Faber, Richard/Funke, Hajo/Schoenberner, Gerhard (Hrsg.): Rechtsextremismus. Ideologie und Gewalt. Berlin, S. 221-240, hier S. 226. An diesem Befund hat sich bis in die Gegenwart nichts geändert.

Was stünde auf Ihrem Transparent gegen grüne Braune?
„Die gegenseitige Hilfe ist ebensogut ein Naturgesetz wie der gegenseitige Kampf, für die progressive Entwicklung der Species ist sie aber von viel größerer Wichtigkeit als der Kampf." (Peter Kropotkin)

Zu den Autoren
Gideon Botsch, geb. 1970, und Christoph Kopke, geb. 1967, sind wiss. Mitarbeiter am Moses Mendelssohn Zentrum für europäische jüdische Studien der Universität Potsdam. Beide sind Politikwissenschaftler.

Kontakt
Dr. Gideon Botsch, Dr. Christoph Kopke
Moses Mendelssohn Zentrum
für europäisch-jüdische Studien e. V.
E-Mail botsch@uni-potsdam.de,
kopke@uni-potsdam.de

Völkische Siedlungsbewegung

Nach dem Vorbild der Artamanen

Von Stefan Brauckmann

Die Artamanen waren Teil der völkisch-nationalistischen Jugendbewegung in der Weimarer Republik. Auf ihren Spuren wandeln seit den 1990er-Jahren einige Familien aus der völkischen Szene, die sich rund um die ehemalige Artamanensiedlung Koppelow in Mecklenburg-Vorpommern angesiedelt haben.

1923 erschien in der Zeitschrift „Deutsche Bauern-Hochschule", die vom antisemitischen Hakenkreuzverlag herausgegeben wurde, ein Aufruf zur Gründung von „Artamanenschaften". Unter dem Kunstwort Artamanen, das später als „Hüter der Scholle" interpretiert wurde, sollten sich junge Menschen aus den Städten zusammenfinden, um freiwilligen Landarbeitsdienst zu leisten und in der Folge polnische Landarbeiter zu verdrängen, die Tendenz der Landflucht umzukehren sowie eine „rassische Auslese" zu betreiben, die befähigt wäre, Gemeinschaftssiedlungen zu gründen, um das „Deutschtum im Osten" nachhaltig zu stärken. Der Wahlspruch lautete: „Gläubig dienen wir der Erde und dem großen deutschen Werde".

Bei der Gründung des „Bund Artam" kam es zu einem Zusammenschluss unterschiedlicher Gegner der Weimarer Republik. Zu den Unterzeichnern des ersten Aufrufs gehörten unter anderem Bruno Tanzmann, Wilhelm Kotzde-Kottenrodt sowie August Georg Kenstler. Tanzmann versuchte, mit seiner „Deutschen Bauernhochschule", einer Volkshochschule für Landwirte, die völkische Ideologie auch im ländlichen Raum stärker zu verankern. Der Schriftsteller Kotzde-Kottenrodt war „Bundesvater" der „Adler und Falken", einem Jugendbund, der wiederum der „bündischen" (bürgerlichen) Jugendbewegung angehörte. Aus diesem Umfeld sollten ausreichend Mitglieder für die Artamanen rekrutiert werden. Kenstler, der Führer der ersten Artamanengruppe, war sowohl „bündisch" als auch Mitglied in einem bewaffneten Freikorps und pflegte Kontakte zur Nationalsozialistischen Deutschen Arbeiterpartei (NSDAP).

Die teilweise widersprüchlichen Strömungen innerhalb der Artamanen führten zu diversen internen Streitigkeiten, zum Beispiel über die Nähe zu politischen Parteien, zur Haltung gegenüber den Großgrundbesitzern oder über die Realisierbarkeit des Siedlungsziels. Die Selbstdefinition als theorieferne „Tatmenschen" sollte diese ideologischen Unterschiede kaschieren. In ihrer Außendarstellung rückten die Artamanen insbesondere das gemeinsame Erleben unterschiedlich sozialisierter Menschen sowie die Naturerfahrungen in den Vordergrund. Auf den Schulungen jedoch stand „Rassenkunde" ebenso selbstverständlich auf den Stundenplänen wie die Reden von namhaften rechtsextremen Agitatoren wie Hans Grimm, Hans F.K. Günther, Ernst Jünger, Ernst Niekisch, Kleo Pleyer, Georg Stammler oder August Winnig. Außerdem hatten Beteiligte an politischen Morden, wie Hans Holfelder oder der spätere Auschwitz-Kommandant Rudolf Höß, bei den Artamanen Führungspositionen inne.

Kurze Blütezeit

In der Hochphase um 1929 leisteten etwa 2.300 junge Männer und Frauen freiwillige Landarbeit. Hierfür erhielten sie Kost und Logis sowie monatlich 36 Reichsmark (etwa 150 Euro nach heutiger Kaufkraft). Die Motivation der einzelnen Mitglieder war so individuell wie bei heutigen Freiwilligendiensten. Motive waren zum Beispiel: Berufserfahrungen zu sammeln, sich vom Elternhaus zu emanzipieren, Gemeinschaftserfahrungen zu machen oder durch Aktivität die gesellschaftlichen Rahmenbedingungen zu ändern. Das übergeordnete Siedlungsziel blieb allerdings vage. Die Zwangsabgaben für den sogenannten „Siedlungsschatz" reichten nicht für den Landerwerb aus und wurden häufig zur Deckung der Verwaltungskosten zweckentfremdet. Für das einzelne Mitglied, ob es siedeln wollte oder nicht, blieben nur monatlich zehn Reichsmark übrig. Ende 1929 kam es zur Spaltung des „Bund Artam", woraufhin dieser schließlich 1931 konkursging. Übrig blieben die „Bündischen Gemeinden für Landarbeit und Siedlung", die sich für die Realisierung des Siedlungszieles einsetzten, sowie der „Bund der Artamanen – nationalsozialistischer freiwilliger Arbeitsdienst auf dem Lande", der offensiv die Verbindung von Landarbeitsdienst mit einem Engagement für die NSDAP verknüpfte. Dieser Bund wurde schließlich 1934 als direkt von der SS geförderter „Landdienst der HJ" in die Hitlerjugend eingegliedert. Hier sollten junge Menschen auf ihre Aufgabe als spätere „Wehrbauern" vorbereitet werden.

> **" Der Wahlspruch lautete: 'Gläubig dienen wir der Erde und dem großen deutschen Werde'. "**

Die „Bündischen Gemeinden", die sich ab 1931 wieder „Bund Artam" nannten, erreichten schließlich ihr Ziel, zu siedeln – auch durch die Unterstützung von namhaften Vertretern des nationalsozialistischen Staates, wie dem „Reichsbauernführer" Richard Walther Darré, dem Ministerpräsidenten von Mecklenburg-Schwerin Walter Granzow sowie dem „Reichsführer SS", Heinrich Himmler. Bis der Bund 1935 vollständig im Reichsnährstand, der Organisation für Agrarwirtschaft und Agrarpolitik im Deutschen Reich, aufging, wurden insgesamt sechs großagrarische Betriebe mit zusammen rund 1.600 Hektar in 71 kleinbäuerliche Artamanen-Hofstellen umgewandelt. Koppelow war mit 750 Hektar und 25 Hofstellen das größte Siedlungsprojekt.

Der Freundeskreis der Artamanen

1963 wollten Mitglieder des rechtsextremen Vereins „Deutsch-Wandervogel" einen neuen „Artamanenbund" ins Leben rufen. Darin sollten ehemalige Mitglieder der Artamanen, des Landdienstes der Hitlerjugend und des Reichsarbeitsdienstes zusammenkommen, um einen neuen nationalistischen Arbeitsdienst aufzubauen.

Als ein Jahr später offiziell die Nationaldemokratische Partei Deutschlands (NPD) gegründet wurde, gab es Bestrebungen, einen solchen Artamanenbund als Vorfeldorganisation der Partei auszubauen. Diese Pläne lehnten einflussreiche Ehemalige, die sich ab 1965 zu einem „Freundeskreis der Artamanen" formierten, jedoch ab. Sie wollten in erster Linie alte Kontakte pflegen, Erinnerungsarbeit leisten und die historische Deutung stärker kontrollieren.

Der Freundeskreis der Artamanen wuchs in der Folge auf etwa 700 Mitglieder an, veranstaltete jährliche Treffen und gab regelmäßig die Zeitschrift „Artam-Blätter eines Freundeskreises" heraus. Hierin finden sich vor allem Erlebnisberichte, Todesnachrichten sowie Terminankündigungen. Berichte über völkische Schriftsteller, den Wandel in der Landwirtschaft sowie den „Deutschen im Osten" bekommen ebenfalls viel Raum. Dabei sind auch die Verbindungen zu Vertretern der extremen Rechten durch Doppelmitgliedschaften und Gastreferenten dokumentiert, die in der Zeitschrift publizierten oder als Redner auftraten. Im Sinne dieser Vernetzung war der Freundeskreis der Artamanen auch Gründungsmitglied des „Überbündischen Kreises" (ÜK), welcher aufgrund seiner ausländerfeindlichen und geschichtsrevisionistischen Haltung vom Verfassungsschutz noch Anfang der 2000er-Jahre beobachtet wurde. Als sich der Freundeskreis aufgrund des hohen Alters der Mitglieder 2001 offiziell auflöste, wurden die Aktivitäten unter dem Dach des ÜK fortgeführt.

Die völkischen „Siedler" von Koppelow

1985 publizierte der „Deutsch-Wandervogel" Peter Schmitz, mit Unterstützung des Freundeskreises der Artamanen, seine Diplomarbeit über die Artamanenbewegung. (1) In dieser Arbeit wird die ideologische Ausrichtung der Artamanen völlig unkritisch behandelt, ja teilweise romantisch verklärt. Im Nachwort kommt der Autor zu dem Schluss, dass für die durch „Drogen, pseudoreligiöse Sekten, Arbeitslosigkeit, `No-future´-Denken gefährdete Jugend" ein „neuer Bund Artam" notwendig sei. Als Triebfedern für eine gelingende Restaurierung der Artamanenideale sieht Schmitz „das wachsende Umweltbewusstsein", die Suche nach einer „Alternative zu Naturferne und Anonymität der Großstadt" sowie das Interesse der Menschen an „selbsterzeugten und rückstandsfreien Lebensmitteln". Schmitz stellt sich eine auf ökologische Nebenerwerbslandwirtschaft ausgerichtete Gemeinschaft vor, in der

> **Das Beispiel der 'Siedler von Koppelow' demonstriert, dass in nationalkonservativ-völkischen Kreisen die Ideale der Artamanen weiterhin virulent sind.**

„Erziehung, Autorität, Nation" ein besonderer „Wesenszug" wäre, den insbesondere eine intensive ländliche „Kulturarbeit" zum Ausdruck brächte. Damit setzte der Autor erstmalig die Ziele der Umweltbewegung der 1980er-Jahre in den völkischen Kontext der historischen Artamanenbewegung.

Das Buch von Schmitz wurde in nationalkonservativ-völkischen Kreisen positiv rezipiert. So findet sich zum Beispiel 1994 in der Zeitschrift des „Freibund – Bund Heimattreuer Jugend" ein Aufsatz über die Artamanenbewegung, welcher mit einem Aufruf „zu neuem Anfang" endet. Bereits Ostern 1992 war eine Gruppe von Mitgliedern der „Fahrenden Gesellen – Bund für deutsches Leben und Wandern e.V.", des „Bund Heimattreuer Jugend" und der „Niedersächsischen Volktumsjugend" nach Koppelow gefahren, um Kontakt mit ehemaligen Artamanen aufzunehmen. Auf einem Jahrestreffen des Freundeskreises der Artamanen stellten sie daraufhin ihre Idee vor, eine Siedlung „kulturbewusster Menschen im Herzen Deutschlands" zu gründen, deren Grundlage eine „ganzheitliche ökologische Landwirtschaft" sei. In dieser Konzeption wird die Verbindung von völkischer Kulturarbeit, revanchistischem Nationalismus und ökologischer Landwirtschaft deutlich.

Vorstellungen von der ökologischen Wende

Kurz darauf zogen die ersten „Siedler" in die Gegend von Koppelow, wo sie unter anderem einen ehemaligen Artamanenhof aufkaufen konnten und sich Existenzen in der Biolandwirtschaft, im ökologischen Baustoffhandel, aber auch als Kunstschmied, Buchbinder oder Architekt aufbauen konnten. Die Mehrheit war in westdeutschen nationalkonservativ-völkischen Jugendbünden sozialisiert worden. Jedoch gelang es ihnen nicht, wie vor dem Freundeskreis der Artamanen angekündigt, „10-20 siedlungswillige junge Menschen" aus diesen Bünden zu gewinnen. 2007 wurden lediglich fünf männliche „Siedler" mit Frauen und Kindern gezählt. (2) Die Selbstdefinition dieser Gruppe als „Siedler" weist auf den kolonisatorischen Impetus hin, der auch in der Aussage, der „von vierzig Jahren Sozialismus ideell und materiell ausgelaugten Landschaft neue Impulse zu geben" und dieser „ihren Stempel aufzudrücken", deutlich wird. (3) Einer dieser „Siedler", Huwald Fröhlich, machte in einem Sammelband des damaligen NPD-Funktionärs Andreas Molau seine Vorstellungen einer ökologischen Wende publik. Demnach seien „internationale Kapitalinteressen", die „Massengesellschaft", „Christentum", „Humanismus" und „Internationalismus" „ihrem Wesen nach widernatürlich" und damit schuld an der fortschreitenden Umweltzerstörung. Als Lösung fordert der Autor die Auflösung internationaler Wirtschaftsbeziehungen und eine Gesellschaft, die an die Begriffe „Sippe, Stamm, Volk" gebunden ist. (4)

Im Sinne einer solchen Umweltpolitik engagierten sich einige „Siedler" Mitte der 2000er-Jahre in der Bürgerinitiative Gentechnikfreie Region Nebel/Krakow am See, die nach einem Interview in der NPD-Zeitung „Deutsche Stimme" in die Nähe zu dieser Partei gerückt wurde. Zivilgesellschaftliches Engagement, begleitet von überregionaler Presseberichterstattung, führte schließlich zu einer breiteren Diskussion über die „Neo-Artamanen". (5) Seitdem versuchen sich die „Siedler" öffentlich von der Tradition der Artamanen und der NPD zu distanzieren. Auch in den einschlägigen Zeitschriften finden sich keine Berichte mehr über die „Siedler" oder die Bürgerinitiative.

Dass eine neue völkisch-nationalistische Artamanenbewegung mit nennenswerter Mitgliederzahl entsteht, ist heute kaum vorstellbar. Schon die Geschichte hat gezeigt, dass die Artamanen ohne die Unterstützung von Politikern und später dem NS-Staat mittelfristig bedeutungslos geworden wären. Das Beispiel der „völkischen Siedler von Koppelow" demonstriert jedoch, dass in nationalkonservativ-völkischen Kreisen die Ideale der Artamanen, verbunden mit ökologischen Ansätzen, weiterhin virulent sind. ————

Anmerkungen

(1) Schmitz, Peter (1985): Die Artamanen. Landarbeit und Siedlung bündischer Jugend in Deutschland 1924-1935. Bad Neustadt an der Saale.
(2) Tschirschwitz, Lars (2008): Bündische Siedlungsbewegung im ländlichen Raum. Magisterarbeit. Universität Rostock.
(3) Schmidt, Marcus: Steine sammeln für ein neues Leben. In: Junge Freiheit 15/2005.
(4) Fröhlich, Huwald (1995): Umweltschutz und Marktwirtschaft – ein Widerspruch. In: Molau, Andreas (Hrsg.): Opposition für Deutschland. Widerspruch und Erneuerung. Berg am Starnberger See, S. 224-239.
(5) Botsch, Gideon (2012): Artamanen. In: Benz, Wolfgang (Hrsg.): Handbuch des Antisemitismus. Band 5. Berlin, S. 44-45.

Was stünde auf Ihrem T-Shirt gegen grüne Braune?
Völkisch-nationalistische Ökoutopien – ungenießbar, unkompostierbar.

Zum Autor
Stefan Brauckmann, geb. 1980, ist Lehrbeauftragter am Institut für Geografie der Universität Hamburg. Hauptberuflich ist er in der Forschungsabteilung eines Beteiligungsunternehmens der Moses-Mendelssohn-Stiftung tätig.

Kontakt
Dr. Stefan Brauckmann
Institut für Geografie, Universität Hamburg
Bundesstraße 55, D-20146 Hamburg
Fon ++49/(0)40/428 38 72 95
E-Mail brauckmann@geowiss.uni-hamburg.de

Am 21.1.2012 organisierte ein Bündnis aus den Bereichen Tier-, Umwelt- und Naturschutz, bäuerlicher Landwirtschaft, Entwicklungspolitik und Verbraucherschutz die Demonstration „Wir haben es satt" in Berlin. Kurze Zeit versuchte auch der rechtsextreme „Schwarze Block" mitzumarschieren.

NEUE SCHATTEN

Braune Ökologie als Spielart menschenfeindlicher Ideologie treibt mittlerweile vielerlei Blüten: Ein rechtes Umweltmagazin informiert über vermeintlich germanisches Brauchtum und weitet das Unbehagen am Schächten zu einer Kritik an der multikulturellen Gesellschaft aus. Die NPD fordert Frauen auf, ihre rechte Gesinnung in die Dorfgemeinschaften zu tragen. Auch die Arbeit mit Aussteigern zeigt, wie stark das rechtsextreme Weltbild von Biologismen geprägt ist. – Wer sind die Macher von „Umwelt & Aktiv"? Wie stark ist der Einfluss von Frauen in der rechtsextremen Umweltszene? Warum eignet sich der Biolandbau als Andockstelle?

Landwirtschaft

Biomilch vom braunen Hof

Von Raimon Klein

Rechtsextremistisch eingestellte Biobauern gefährden immer mehr das gute Image der Branche. Nun beginnen einige Öko-Verbände, sich gegen diese unerwünschte Vereinnahmung zu wehren. Dafür brauchen sie nicht nur neue Satzungen, sondern auch die Unterstützung der Verbraucher.

Wer Bioprodukte kauft, denkt wohl meist an grüne Wiesen und glückliche Tiere, an verträglichen Anbau und linksalternatives Leben. (1) Fast 90 Prozent der Biokonsument(inn)en wollen die Betriebe ihrer Region unterstützen, wie eine Umfrage der Bundesanstalt für Ernährung, Landwirtschaft und Verbraucherschutz von Anfang 2012 zeigt. Dass sie mit ihrer Entscheidung für Ökomilch und Biobärlauch auch die Geschäfte von Rechtsextremen und NPD-Mitgliedern beleben könnten, haben die wenigsten im Sinn.

Doch haben sich in Bayern, Sachsen und vor allem in Mecklenburg-Vorpommern inzwischen mehrere braune Biohöfe etabliert, die von explizit rechts gesinnten Landwirten betrieben werden. Der Dachverband der Bioverbände, der „Bund Ökologische Lebensmittelwirtschaft" (BÖLW), ist so alarmiert, dass er sich im Juni 2012 erstmals offiziell in einer Resolution gegen Rechtsextremismus im Bioanbau positioniert hat. Dennoch tut sich die Branche weiter schwer mit den Öko-Nazis, denn als Denunziant oder Gesinnungsspitzel will auch keiner der Kolleg(inn)en auftreten. In Mecklenburg-Vorpommern, genauer in der Region Güstrow-Teterow sowie in den Landkreisen Ludwigslust-Parchim, Nordwestmecklenburg und Ostvorpommern, haben sich die braunen Höfe schon in den 1990er-Jahren angesiedelt, da nach der Wende dort die Bodenpreise niedrig waren. Wie viele solcher Siedler(innen) es dort genau gibt, ist aber unklar. Im Sammelband „Braune Ökologen" von 2011 ist allein für die Region Güstrow-Teterow die Rede von 60 Erwachsenen – Tendenz steigend (vgl. S. 101 f.). Doch Fachleute vor Ort halten sich bedeckt. „Wir geben solche Zahlen nicht raus – wir sind ja nicht der Verfassungsschutz", erklärt die Arbeitsgemeinschaft „Völkische Siedler" (vgl. S. 96 ff.). „Es sind jedoch weit mehr als bisher öffentlich bekannt." Die AG hat selbst mit den „Völkischen Siedlern" nichts zu tun, vielmehr hat sich hier die Gegenseite organisiert – vor allem Mitarbeiter(innen) dreier Regionalzentren für demokratische Kultur in Mecklenburg-Vorpommern, der Opferberatung LOBBI und des Vereins Soziale Bildung. Ziel der AG ist es, Informationen zum Thema der braunen Ökologen zu sammeln und in die Öffentlichkeit zu tragen.

Unters Volk gemischt

Warum ausgerechnet Bio? „Es ist vor allem Ausdruck einer rechtsgerichteten Lebenseinstellung, das Volk soll mit gesunden Lebensmitteln versorgt werden", erklärt Johannes Melchert vom Göttinger Institut für Demokratieforschung. Er sieht es nicht nur als Problem, dass die Rechtsextremen sich mit dem Verkauf von Fleisch, Milch, Gemüse oder Honig eine Finanzquelle erschließen. Eine Gefahr bestehe auch darin, dass sie ihre Gesinnung in die Dorfgemeinschaften tragen könnten. „Man versucht durch die Produktion von hochwertigen Lebensmitteln aus kleinen Betrieben eine Normalisierung und Verharmlosung der politischen Einstellung zu erreichen", sagt Melchert. Ziel der braunen Bauern ist es, sich in die Mitte der Gesellschaft zu schleichen, indem sie sich im Dorfleben, in regionalen Vereinen, Institutionen und Schulen engagieren.

Eine distanzierte Auseinandersetzung der übrigen Dörfler mit den braunen Nachbarn wird damit schwer. Auch die politischen Parteien beobachten die Situation mit Sorge: „Schlimm ist, dass eine gesellschaftliche Unterwanderung stattfindet – so hat die NPD schon versucht, ihre Mitglieder als Elternräte oder Kinderbetreuer einzusetzen", sagt Andreas Katz, Landeschef der Grünen in Mecklenburg-Vorpommern. Viele der rechten Landwirte sehen sich in der Tradition der sogenannten Artamanen, einer völkisch-nationalen Siedlungsbewegung der 1920er-Jahre, zu der unter anderem Reichsführer-SS Heinrich Himmler und Auschwitzkommandant Rudolf Höß gehörten (vgl. S. 52 ff.). Heute ist die Rede von „Neo-Artamanen", die ihre abstrusen Ideen mit ökologischen Zutaten gemixt haben. „Für Anhänger einer Ideologie, deren zentraler Aspekt in der Untrennbarkeit von Blut und Boden besteht, der ‚Volkscharakter' also durch das vom Volk bewohnte Territorium geprägt ist, ist Umweltschutz fester Bestandteil des politischen und privaten Lebens", erklärt die AG „Völkische Siedler".

Warten auf die Satzungsänderung

Natur- und Umweltschutz sind bei Rechtsextremen seit jeher wichtige Themen. Bereits 1935 erließen die Nationalsozialisten das Reichsnaturschutzgesetz, das Heimat- mit Naturschutz verband und Elemente der Blut-und-Boden-Ideologie beinhaltete (vgl. S. 32 ff.). Die NPD hatte 1973 den Punkt „Volksgesundheit und Umweltschutz" in ihrem „Düsseldorfer Programm" und wollte mittels ökologischer Bildung die „Volksgesundheit" der Deutschen erhalten (vgl. S. 39 ff.). Auch im aktuellen Parteiprogramm wendet sich die NPD gegen Gentechnik in Lebensmitteln sowie gegen Massentierhaltung und Tierversuche. Für Gudrun Heinrich, Politologin von der Universität Rostock, liegt das Risiko darin, dass „durch die Biohöfe eine Verbindung zum positiven Image der Ökologie gezogen wird. Eine weitere Gefahr ist, dass das artgerecht-völkische Gedankentum in Biovertriebe, Bioläden und die Strukturen einsickert."

Bei Biopark, einem der größten Bioverbände Deutschlands, weiß man von zwei Fällen rechts eingestellter Biobauern: Helmut Ernst ist NPD-Mitglied, Huwald Fröhlich betätigte sich als Autor für NPD-nahe Publikationen. Als das herauskam, war die mediale Aufregung zwar groß – die Betroffenen sind jedoch noch immer Mitglied bei Biopark. Die Stellungnahme von Delia Micklich, Geschäftsführerin bei Biopark, klingt etwas genervt – zu oft hat sie sich in letzter Zeit für ihre schwarzen Schafe rechtfertigen müssen: „Wir haben eine Satzungsänderung in die Wege geleitet, damit die zwei uns bekannten Betriebe ausgeschlossen werden können. Da diese erst noch von der Mitgliederversammlung beschlossen werden muss, wird das frühestens

Ende des Jahres passieren." Neben diesen Fällen zeigen kleinere Vorkommnisse, dass sich die Ökobranche mit den ungeliebten Kollegen auseinandersetzen und sich eine Strategie überlegen muss. Der ostdeutsche Bioverband Gäa lehnte vor Kurzem einen Betrieb aus Sachsen wegen dessen rechter Ansichten ab. „Wir sind in Gesprächen und bei Besuchen sensibel geworden", sagt die Vorsitzende Cornelia Blumenschein. „Wir müssen nicht jeden aufnehmen." Bis jetzt sei das kein Problem, jedoch müsse man besonders als Ostverband wachsam sein, da es auch schon Anfragen seitens der NPD gab, Gäa finanziell zu unterstützen. Aber da bestehe „null Chance", versichert Blumenschein.

Im bayerischen Verband Biokreis gab es einen Anfangsverdacht bei einem Bauern. Dessen Homepage habe „ein wenig verdächtig" ausgesehen. Bestätigt habe sich dann aber nichts, berichtet Verbandssprecherin Heidi Kelbetz. Den Namen dieses Bauern oder dessen Homepage will sie nicht preisgeben. Größere Probleme vermutet Kelbetz woanders: So gebe es „in Ostdeutschland und Österreich aber ganz sicher nationalistische Tendenzen".

König Kunde ist auch gefragt

Andere große Verbände wie Demeter, Bioland oder Naturland beteuern, das sei auf jeden Fall ein großes Thema – bei ihnen habe es jedoch noch keine rechten Landwirte gegeben. Insgesamt ist die Branche misstrauischer geworden. „Wir haben die Beratung sensibilisiert, man sollte vor allem bei Neukontakten aufpassen", warnt Gerald Wehde, Pressesprecher für Agrarpolitik bei Bioland. „Wenn jemand auffällt, dann erfahren wir das wegen unserer gut ausgebauten regionalen Strukturen, die auch als soziales Netzwerk funktionieren", versichert die Sprecherin von Demeter, Renée Herrnkind.

Aber reicht diese Kontrolle aus? Der Dachverband der Bioverbände scheint selbst nicht ganz überzeugt und hat nun eine Satzungsänderung in die Wege geleitet. Der BÖLW will einen Passus aufnehmen, dass sich die Mitgliedschaft ausschließt, wenn extremistische Positionen vertreten werden. Da so eine Änderung juristisch sehr kompliziert und langwierig ist, hat der BÖLW vorab im Juni die bereits genannte Resolution veröffentlicht. Darin wenden sich der BÖLW und seine Mitgliedsverbände „gegen jeden menschenverachtenden und die Menschenwürde missachtenden

Rassismus". Man verurteile „jeden Versuch, das Prinzip des Öko-Landbaus für rechts-radikale Ideologien zu missbrauchen". (2) Neben den Bioverbänden sind es vor allem die Verbraucher(innen), auf die es ankommt. Spielt die politische Gesinnung der Lebensmittelerzeuger überhaupt eine Rolle? Was kann man tun, um mit seinem Kauf nicht indirekt Rechtsextreme zu unterstützen? „Das Problem ist, wenn ich einen Apfel kaufe, ist da vielleicht ein Bio-Siegel drauf, jedoch keins, was mir sagt, dass dieser Apfel einen völkischen Erzeuger hat", bringt Demokratieforscher Melchert das Problem auf den Punkt.

Dennoch, findet Politologin Heinrich, sollten es sich Verbraucher(innen) nicht zu leicht machen. Denn sie könnten sehr wohl etwas ausrichten, „die Konsumenten müssen Druck auf ihren Laden machen, der dann wiederum Druck auf seinen Lieferanten ausüben muss." Jeder Lieferant müsse vor seiner Aufnahme in einen Bioverband überprüft werden, um rechte Gesinnung auszuschließen. Diese Verant-wortung liegt bei den Bioverbänden. Aber die Macht liegt letztlich bei den Kund(inn)en. ⎯⎯▬

Anmerkungen
(1) Dieser Artikel schien zuerst in der Wochenzeitung Freitag 29/2012 vom 19.07.2012.
(2) www.boelw.de/pm+M5f8b7ec8b8e.html

seinem Studium hat er als Journalist u.a. für Süddeutsche.de, die Deutsche Presse-Agentur und den Freitag geschrieben. Er lebt in Berlin und arbeitet zurzeit für eine Agentur für Politische Kommunikation.

Kontakt
Raimon Klein
E-Mail raimon.klein@gmx.de

Zum Autor
Raimon Klein, geb. 1983, hat Medien- und Kommunikationswissenschaft studiert. Nach

„U&A" – das Ökomagazin der Rechten

„Umweltschutz ist nicht grün"

Von Andreas Speit

Mittlerweile hat sich „Umwelt und Aktiv" in der extremrechten Szene als ökologische Publikation par excellence etabliert. Plumpe rassistische Äußerungen sucht man in dem in Bayern erscheinenden Hochglanzmagazin vergeblich. An der Weltanschauung der NPD-nahen Redaktion lassen die Artikel trotzdem keinen Zweifel.

Seriös und kompetent. Das Umweltmagazin „Umwelt und Aktiv" (U&A) will ökologisch Interessierte ansprechen: keine Parolen mit einschlägigen rechten Aussagen, auch auf der Website keine Symbole mit eindeutigen Inhalten. Die Cover des vierteljährlich erscheinenden Hochglanzmagazins lassen auch nicht gleich die politische Ausrichtung erkennen. Es geht um Themen der ökologischen Bewegung und des alternativen Milieus. Der Umgang mit Unkrautbekämpfungsmitteln, Perspektiven des Tierschutzes und das Abschlachten der Robben finden sich als Themen beispielsweise auf der Internetpräsenz des Magazins.

Im Oktober 2012 schauten traurig blickende Schafe die Besucher(innen) auf der Website an. „Todeskandidaten" prangt auf dem Bild, das neben dem Beitrag „Kurban Bayrami – Islamisches Schächt-Opferfest" steht. Der Titel deutet die Intention an. Die ersten Sätze geben den Tenor des Autors Ulrich Dittmann auch gleich vor: „Schlachten ist schlimm, betäubungsloses Schächt-Schlachten von Tieren aber

> **Durch die politische Mimikry gelingt es der U&A-Redaktion immer wieder, Interviewpartner zu gewinnen, die sonst keine Berührungen mit der extremrechten Szene haben.**

grauenhaft!" Und er führt aus: „In Deutschland leben über 3,3 Millionen Bürger islamischen Glaubens. Sei es aus Unkenntnis oder Gewohnheit, halten sich einige von ihnen nicht an das in Deutschland bestehende Betäubungsgebot und schlachten Tiere [...] insbesondere anlässlich des Kurban Bayrami Opfer-Festes". Warnend legt er am 9. Oktober 2012 weiter dar: „Ein harmonisches Zusammenleben aller Bevölkerungsschichten kann nur gedeihen, wenn solche Tierschindereien unterlassen und eine hier geltende Verfassungsethik und allgemein gültige Gesetze respektiert werden". Die Kritik am Schächten, ein Sujet, das in U&A regelmäßig wiederkehrt, erweitert Dittmann so zu einer Kritik an einer multikulturellen Gesellschaft. Er appelliert denn auch, auf Verstöße gegen das Tierschutzgesetz zu achten und diese zu verfolgen.

„Umweltschutz = Tierschutz = Heimatschutz = Volksschutz"

Irminsul, die in der germanischen Mythologie als „Weltenbaum" verehrte Säule, die das All trägt, ziert als Logo Website und Magazin. Die Wahl erklärt Redakteurin Laura Horn, die öffentliche Stimme der Zeitung, als „zwangsläufig" sehr passend, denn in der germanischen Mythologie fände nicht wie „im Christentum oder im Islam eine Trennung zwischen der Welt der Menschen als herrschende Wesen und der Welt der Tiere als untergebene Art statt". Im Januar 2009 legte Horn diese mystisch-religiöse Feindschaft in einer besonderen Zeitung dar: in der „Deutschen Stimme", der Monatzeitung der Nationaldemokratischen Partei Deutschlands (NPD). Keine zufällige Nähe, denn in dem Magazin ist die weltanschauliche Ansicht „Umweltschutz = Tierschutz = Heimatschutz = Volksschutz" virulent. Nicht nur der NPD-Zeitung gab Horn ein Interview, sondern auch der – vom Gründer der Deutschen Volksunion (DVU),

Gerhard Frey, verantworteten – „Nationalen Zeitung". Am 25. September 2009 versichert Horn im Gespräch, eine „Umweltzeitung aus dem rechtskonservativem Lager" herausgeben zu wollen, die auch „unbequeme Themen" aufgreifen wolle. In der ersten Ausgabe des Jahres 2009 macht sie die politische Zielsetzung ihrer vermeintlich konservativen Ausrichtung deutlich, als sie in ihrem ebenfalls dem Schächten gewidmeten Artikel mit Blick auf Juden und Muslime fragt: „Darf man das betäubungslose Töten in der BRD nicht strikt verbieten, weil man sonst unter Rassismus-Verdacht gerät?" Der Orient kenne noch andere „religiöse Bräuche", die auch in die Bundesrepublik „importiert" werden könnten, „damit sich die Migranten wie zu Hause fühlen"; die „Genitalverstümmelung an Mädchen, die vom Koran ausdrücklich abgesegnete Prügelstrafe für Frauen, den Schleierzwang, das Auspeitschen, das Steinigen und Handabhacken nach der 'Scharia'". Und sie antwortet selbst: „Es ist mehr als an der Zeit, diesen als Religionsfreiheit deklarierten Diaspora-Romantik-Reibach abzuschaffen!"

Eine Sonnenblume ziert die Erstausgabe

In den vergangenen Jahren hat sich das Magazin U&A in der extremrechten Szene als die ökologische Publikation schlechthin etabliert. Auf verschiedenen Szenewebsites wie bei „Aktionsbündnis Lübeck/Storman" oder den „Freien Kräften Neuruppin Osthavelland" finden sich Links zu U&A-Website. Die NPD bietet in ihrem Online-Materialshop gleich das Magazin zum Kauf an. Zum Einzelpreis von 3,90 Euro. Das Jahresabo des Magazins, das offiziell als „Rundbrief des Umweltvereins Midgard e.V." erscheint, kostet 20 Euro. Im intellektuellen Milieu der extremen Rechten erfährt das Projekt um den Herausgeber Christoph Hofer ebenfalls großen Zuspruch. In der „Jungen Freiheit" schwärmt am 23. März 2012 Werner Olles, die „Zeitschrift" sei ein „professionell und mit viel Liebe und Herzblut aufgemachtes konservatives Projekt" und sie sei zu einer „wichtigen Alternative für all jene konservativen und patriotischen Natur- und Heimatschützer geworden, die sich nicht länger von linksgrünen Roßtäuschern auf Irr- und Abwege führen lassen wollen".

Vor fünf Jahren, 2007, erschien das Magazin erstmals. Eine Sonnenblume ziert das Cover der Erstausgabe und auf der Rückseite steht hervorgehoben: „Umweltschutz ist nicht grün". Im Editorial führt Herausgeber Hofer diese Aussage aus: „Der Schutz der Natur beginnt vor Ort, in den heimischen Wäldern, Bergen, Seen und Stränden, kurz in der Heimat. Und dazu gehört auch der Schutz der Kultur als gewachsener Träger des Umwelt- und Tierschutzes vor Ort, frei von kommerziellen Zwängen", und er betont: „Wir werden nicht länger jenen Menschen das Thema Umwelt- und Naturschutz überlassen, denen gar nichts an der Heimat liegt".

Erstaunliche Interviewpartner

Auf der Website von U&A findet sich das Editorial mit dieser Kampfansage wieder. Unter „Liebe Besucher" heißt es da: „Skrupellose Internationalisten werden in unserem Land von allen etablierten Parteien gefördert und hofiert, auch von denen, die behaupten, sich dem Umwelt- und Tierschutz verschrieben zu haben." Diese „Global Player" würden „unsere Heimat zu einem Spielball im internationalen Finanzhandel" machen. „Davon sind alle Menschen betroffen, gleich welcher politischen Gesinnung, gleich welcher Klasse. Der Bauer als moderner Leibeigener genauso wie der Verbraucher als uninformierter Konsument", weiß die Redaktion. In der ersten Ausgabe des Magazins und auf der Website legt sie nicht nur den Vierschritt „Umweltschutz = Tierschutz = Heimatschutz = Volksschutz" offen dar. Sie verbindet ihn auch mit der szenetypischen Vorstellung der Verschwörung eines internationalen Kapitals. In diesen Kreisen ein Synonym für die vermeintliche jüdische Weltverschwörung (vgl. S. 46 ff.).

Durch die politische Mimikry – nicht immer eindeutig zu sein – gelingt es der Redaktion immer wieder, Interviewpartner(innen) zu gewinnen, die sonst keine Berührungen mit der extremrechten Szene haben. In Ausgabe 3/2012 findet sich ein Interview mit der indischen Umweltaktivistin Vandana Shiva, ein „exklusiv Gespräch", wirbt die Redaktion. Nicht alle Positionen der Vertreterin eines Ökofeminismus dürfte die Redaktion teilen. Sehr wohl aber Shivas Annahme, dass Frauen biologisch begründet eine privilegierte Beziehung zur Natur haben. Sicher teilen sie auch ihre Kritik an der vom US-Konzern Monsanto forcierten Verwendung von Gentechnik in Saatgut. Bei dem Thema genmanipuliertes Saatgut wird die Redaktion mit Postfachadresse im oberbayerischen Traunstein sogar auf dem Cover einmal sehr deutlich. 2008 starrt in der ersten Ausgabe des Jahres das bekannte Gesicht von „Uncle Sam" die Leserschaft an. Das Gesicht besteht zur Hälfte aus Schädelknochen, das Hemd ist blutverschmiert, in der Jackentasche steckt ein „genmanipulierter" Maiskolben. „Amerika weltweit?" titelt die Redaktion. Im Magazin erläutert der Autor mit den Initialen „F. L." die Cover-Botschaft. Für ihn sind die Patentierungen von Saatgut und die Ausbreitung von Genmais nichts anderes als Methoden der USA, ihre Macht zu sichern.

Personell mit der NPD verstrickt

Über den Verein und das Magazin mag Claudia Laimer nicht so gern reden. „Wir leben auch sehr umweltbewusst", sagte die Autorin von U&A der tageszeitung (taz) 2008 beim Telefonat und wollte sonst nichts mehr sagen. Auch nichts zu ihrer Nähe zu Christoph Hofer. Nicht ohne Grund: Der Midgard-Vereinsvorsitzende und U&A-Herausgeber war niederbayerischer NPD-Bezirksvorsitzender und NPD-Kreisvorsitzender in Rottal-Inn. 2003 kandidierte der Ehemann von Claudia Laimer, Hans-Günter Laimer, für die NPD bei der Bezirkswahl in Passau-Land. In Meinach/Riesbach betreibt Claudia Laimer einen Biohof. Hier soll U&A ausgelegen haben. An der Tür stritt sie aber gegenüber „Kontraste", dem Politikmagazin des Bayerischen Fernsehen, im Mai 2011 ab, das Magazin Kund(inn)en nahegebracht zu haben. Fragen wollte sie grundsätzlich nicht beantworten. Die Zurückhaltung verwundert wenig. Interne E-Mails der NPD, die im Februar 2011 verschiedenen Redaktionen zugespielt worden sind, belegen, dass Redaktionsmitglieder bis heute zu der Partei ein enges Verhältnis haben. Denn „Laura Horn" ist das Pseudonym von Berthild Haese, der Frau des langjährigen NPD-Kaders Peter Haese, der ebenfalls eng in die redaktionelle Arbeit eingebunden ist.

Die Einschlägigkeit ließen aber nicht erst interne E-Mails erkennen. U&A bringt den Leser(inne)n in der Rubrik „Heimatschutz" immer wieder vermeintliches germanisches Brauchtum oder deutsche Kultur nahe. „Langsam und schleichend wandern Sitten aus fremden Ländern ein, während traditionelle Bräuche immer mehr verkommen", warnt die Redaktion in der Erstausgabe. Und sie mahnt: „Das Unterbinden von deutschen oder europäischen Traditionen und der Kniefall vor einer Minderheit [...] sollte Anlass zu ernster Sorge geben!" Autor Fritz Laimer führt in derselben Ausgabe aus: „So schwingt sich der zeitgeistkranke und im Geiste arme Mensch auf, um sich und die Welt mit dem Tanz ums goldene Kalb zu befriedigen, alles Gewachsene und Gemeinschaftsbildende zu verzerren". Die Sehnsüchte, die bei Laimer nach einem nicht entfremdeten Leben anklingen, gehen mit einem völkischen Menschen- und Weltverständnis einher. Am Ende des Artikel steht hervorgehoben: „Freie Völker feiern ihre eigenen Feste".

Porträts von Vorbildern aus dem Völkischen

Die Entfremdung durch die sich anbahnende moderne kapitalistisch-industrielle Gesellschaft beklagte schon die Völkische Bewegung (1871–1918). Der jüdisch-christliche Glaube, die französische Aufklärung und die liberalistischen Ideen hätten diese Entwurzelung und Entfremdung ermöglicht. Die „ureigenen Bräuche" und den „arteigenen Glauben" brachten sie denn auch bereits gegen die fremden Götter des Judä-Christentums, der Aufklärung und des Liberalismus in Stellung. Einer von ihnen: Hermann Hendrich (1854–1931), Maler und Gründer des Werdandi-Bunds, Vorläufer anderer völkisch-nationaler Gemeinschaften in der sogenannten Konservativen Revolution der Zwischenkriegszeit (vgl. S. 24 ff.).

In U&A stellt Gandolf Müller 2010 Hendrichs Werk und Wirken vor. Im Edda Verein, so der Autor, war der Künstler aktiv, „der die Wiedergeburt deutscher Kunst und deutschen Kunstgewerbes anstrebte". Diese Nähe möchte auch Laura Horn/Berthild Haese nicht leugnen. Im Interview mit der „Deutschen Stimme" bezieht sie sich positiv auf eine politische Klassifizierung der taz. „Umwelt und Aktiv", so die Redakteurin, sei „die einzige Umweltzeitung" aus dem „völkischen [...] Spektrum", wie „die taz es formulieren würde".

Einen Vordenker neueren Datums stellt U&A-Autor G. Klink vor. Unter dem Titel „Geschichte der Grünen" schreibt er in Ausgabe 2/2007, dass die Grünen die Heimatliebe von Baldur Springmann nicht gelten lassen wollten (vgl. S. 39 ff.). Der Ökobauer, der die Grünen mitgegründet hat und sich nach seinem Austritt in rechtsextremen Gruppierungen engagierte, ist für Klink aber der „Urvater der Bewegung". Für Klink ist klar, dass die angebliche Abkehr der Grünen vom Umweltschutz mit dem Scheitern des „konservativen Flügels" begonnen hätte. Seitdem habe sich die „politische linkslastige Ausrichtung" weiter fortgesetzt, erklärt er, während Springmann sich konsequent „für die Arterhaltung von Flora und Fauna" und für die „Vielfalt der Menschen und Völker" eingesetzt habe. „Keine Vermengung, keine

Nivellierung, keine Überfremdung" hätte Springmann gewollt. „Seine Liebe zu Deutschland war tief und echt", schreibt Klink und zitiert den Gelobten: „Es kann nur Unglück bringen, wenn wir uns von fremdartigen Ideologen nomadische Verhaltensweisen aufschwatzen lassen". Unterschwellig vermittelte Springmann so antisemitisches Denken – mit dem Verweis auf nomadische Verhaltensweisen. Eine Botschaft, die U&A ebenso verwoben mit ökologischen Themen gern verbreitet.

Dieses Magazin ist nicht grün, sondern braun – sehr braun. In der Szene wird U&A weitere Beachtung finden. Entdecken doch immer mehr rechtsextreme Verbände und Gruppen ihr altes Thema Umweltschutz neu. Zu hoffen ist, dass das Magazin nicht weitere Gesprächspartner jenseits der Szenegrenzen gewinnt. Diese Partner könnten sonst das Entree in die allgemeine Ökoszene ermöglichen. ━━

Was stünde auf Ihrem T-Shirt gegen grüne Braune?

Lechts und rinks
nicht velwechser
(nach Ernst Jandl)

Zur Person

Andreas Speit, geb. 1966, ist Sozialökonom, freier Journalist und Publizist. Er schreibt regelmäßig für die Tageszeitung, Jungle World, „Blick nach Rechts" und den Zeit-Blog „Störungsmelder". Er hat mehrere Bücher zum Thema Rechtsextremismus veröffentlicht, darunter 2011 „Mädelsache! Frauen in der Neonazi-Szene" zusammen mit Andrea Röpke.

Frauen in der rechtsextremen Umweltszene

Auf die sanfte Tour

Von Anna Schmidt

**In der rechten Szene herrscht ein traditionelles, ziemlich rück-
wärtsgewandtes Frauenbild. Das bedeutet nicht, dass Rechtsextremistinnen keinen Einfluss hätten, im Gegenteil: Subtil und
gern auch über Umweltthemen bringen sie ihre Ideologie in ihren
sozialen Berufen, im Elternbeirat oder in der Nachbarschaft ein.**

————Politik und Medien sind mit der Auseinandersetzung über immer neue
Anschläge rechtsextremer Gruppierungen auf öffentliche Einrichtungen, Privathäu-
ser und Asylbewerberheime beschäftigt. Welche Rolle Frauen in der rechtsextremen
Szene einnehmen, bleibt dagegen meist unbeachtet. Eine Ausnahme bildet Beate
Zschäpe, die für ihre Mitgliedschaft beim „National Sozialistischen Untergrund"
(NSU) angeklagt wurde. Doch selbst sie wird in der Berichterstattung nicht immer
als ernstzunehmende Gefahr wahrgenommen: Bezeichnungen wie „Braune-Witwe",
„Terror-Braut" oder „Katzen-Mama" belegen, dass die Medien sie häufig im Sinne
eines traditionellen Geschlechterverständnisses nur als Anhängsel ihrer männlichen
Mittäter ansehen und ihr ein eigenständiges Handeln absprechen.
Während über Zschäpes Katzenliebe und ihr Verhältnis zu ihrer Oma diskutiert wird,
bleibt weitgehend unberücksichtigt, dass die NSU-Terroristin exemplarisch für den
steigenden Einfluss von Frauen in der rechtsextremen Szene steht. Die Rechts-

extremismusexpert(inn)en Andrea Röpke und Andreas Speit schildern in ihrem Buch „Mädelsache. Frauen in der Neonazi-Szene", dass Rechtsextremistinnen innerhalb der Szene zunehmend Machtpositionen anstreben, ihre menschenverachtende Weltsicht aber auch im Hintergrund über ehrenamtliches Engagement und Tätigkeiten in sozialen Berufen unbemerkt verbreiten können. (1)

Im Privaten haben rechtsextreme Frauen die Möglichkeit, subtil auf soziale Strukturen einzuwirken: Aus der Perspektive weiblicher Rollenklischees erscheinen sie „von Natur aus" als friedfertige, eher unpolitische Personen, die sich mit harmlosen Alltagsfragen beschäftigen. Jedoch finden wir hier „Mütter, die in der Kita ihre Ideologie einbringen oder mit der Nachbarin im Haus über Themen wie Kindererziehung, biodynamisches Essen, über Asylfragen oder demografischen Wandel diskutieren und ihre völkischen Argumentationen einbringen", erklärt Heike Radvan, Leiterin der Fachstelle für Gender und Rechtsextremismus in der Amadeu Antonio Stiftung. Den Vorteil dieses Auftretens habe auch die NPD erkannt: „Sie ruft Frauen dazu auf, sich zu engagieren und in soziale Berufe zu gehen, um ihre Ideologie hier weiterzutragen. Man hat die geringere Wahrnehmung für Menschenfeindlichkeit unter Frauen erkannt und setzt dies strategisch ein", erläutert Heike Radvan weiter.

Das völkische Frauenideal

Besonders wirksam ist das soziale Engagement der Rechtsextremistinnen im Rahmen der völkischen Siedlungsbewegung, die sich seit einigen Jahren verstärkt entwickelt (vgl. S. 52 ff.). Laut Röpkes und Speits Schilderung haben die rechtsextremen Familien in Mecklenburg-Vorpommern, wo viele Orte von starker Abwanderung betroffen sind und es an sozialen Bindungen mangelt, in manchen Dörfern eine Art Vormachtstellung erlangt. Sie haben entsprechend einem völkischen Mutterideal häufig mindestens drei Kinder. Neben ihrer rein zahlenmäßigen Machtposition vertreten die rechtsextremen Familien zudem gern eine ökologische naturnahe Haltung, die dem gesellschaftlichen Trend zu alternativen Lebensweisen entgegenkommt.

Laut Röpke und Speit ist das Ziel der Siedlungsbewegung, ein starkes Bauerntum und eine elitäre Volksgemeinschaft zu schaffen. Ihre Hinwendung zur Natur entspricht dem reaktionären Weltbild, das die völkischen Siedler(innen) vertreten: die Sorge für die heimatliche Scholle überschneidet sich mit dem Interesse am Natur-

schutz unter völkischen Vorzeichen. Die Frauen erfüllen in der Bewegung die rück-
wärtsgewandte Geschlechterrolle der Fürsorgerin für Heim und Herd: Hier sind sie für
die völkisch-autoritäre Kindererziehung zuständig, fertigen Handarbeiten, pflegen
den Gemüsegarten und organisieren heidnische Brauchtumsfeiern. Sie unterstützen
sich gegenseitig bei Haus- und Gartenarbeit, tauschen mit nicht-völkischen Nach-
barinnen nützliche Ökotipps aus und knüpfen unauffällig soziale Verbindungen.
Wenn ihre autoritären und rassistischen Ideen bekannt werden, können sie durch
ihre soziale Verankerung in der Dorfgemeinschaft nur noch schwer aus den Alltags-
strukturen herausgedrängt werden.

Die traditionellen Geschlechterrollen, die die völkischen Siedler(innen) vertreten,
entsprechen dem biologistischen Weltbild, das für rechtsextreme Ökolog(inn)en
grundlegend ist. Sie übertragen ihre autoritären und rassistischen Ideale auf die
Natur, glauben sie in deren Gesetzmäßigkeiten wiederzuerkennen, sehen sie dadurch
legitimiert und stellen sie als „natürliche" Bestimmung des Menschen dar (vgl. S. 24 ff.).

Geschlechterrollen – klar und traditionell verteilt

Die biologistische Begründung rechtsextremer Ansichten wird in unterschiedlichen
Ausformungen vertreten. Der Soziologe Oliver Nüchter unterscheidet zwei grundlegende Tendenzen, die der traditionellen Geschlechterrollenverteilung entsprechen:
eine männliche kämpferische, rationale, hierarchisch strukturierte Seite und eine
weibliche harmonische, schöpferische, spirituelle Seite. (2)

Erstere beruht auf der Annahme, dass das menschliche Leben durch die Vertei-
digung und Erweiterung des völkischen Territoriums bestimmt ist und dass der Stärkere, der deshalb im Kampf gewinnt, sein natürliches Recht erhält. Letztere vertritt
die ganzheitliche Vorstellung, dass Mutter Natur als natürliche Ordnung die Einzelnen allumfassend in sich aufnimmt und in konzentrischen horizontalen Kreisen
miteinander verbindet, wenn sie sich harmonisch in ihre Gesetzmäßigkeiten fügen.
Die Natur soll nicht geistig durchdrungen, sondern erlebt und vor allem gefühlt
werden. Sie gilt als gut und allmächtig, aber auch als wehrhafte Instanz, die zurück-
schlägt, wenn sie misshandelt wird. „Die neuen rechten Ökos mystifizieren die Natur
und propagieren, wie die germanisch-völkische Rechte, die Rückkehr zu vorchrist-
lichen Religionen, zu `Neuheidentum´ und zu angeblich göttlichen Naturgesetzen",

> **Besonders wirksam ist das soziale Engagement der Rechtsextremistinnen im Rahmen der völkischen Siedlungsbewegung.**

wie Jutta Ditfurth in ihrem Buch „Entspannt in die Barbarei" zusammenfasst. (3) Gesamtheitliches Denken, eine eigenwillige Abwandlung des ganzheitlichen Ansatzes, vertritt auch die Zeitschrift „Umwelt & Aktiv", die wichtigste umweltpolitische Publikation in der Szene (vgl. S. 65 ff.). Neben Umwelt- und Tierschutzthemen mit rechtsextremem Anspruch verbreitet sie die unvermeidlichen traditionellen Geschlechterrollenbilder. Vor allem in der Rubrik „Heimatschutz" verhandeln die Autor(inn)en kontinuierlich Themen, die ein rückwärtsgewandtes Frauenbild propagieren. Darin finden sich Beiträge, die Gendermainstreaming als neoliberales Umerziehungsprogramm darstellen, „Lebensschutz" statt Abtreibung fordern und die Mutterschaft zum höchsten Glück einer Frau stilisieren. „Wollen wir uns aber an das Gesetz allen Lebens halten, das den Daseinskampf in Gestalt des Überlebensinstinkts enthält und sich auch auf das Volk bezieht, dann müssen wir dem völkischen Selbstmord den Kampf ansagen", bringt Klaus Sojka die Pflicht der deutschen Frauen und die politische Ausrichtung der Rubrik der Zeitschrift auf den Punkt. (4)

NPD-Politikerinnen punkten bei Wahlen

Meistens wirken die Frauen in der rechtsextremen Umweltszene im Privaten, und den Männer bleibt das öffentliche Auftreten vorbehalten. Doch auch hier beginnt ihr Einfluss zu steigen: Leitende Redakteurin von Umwelt & Aktiv ist Berthild Haese, die ihre Artikel unter dem Pseudonym Laura Horn verfasst. Und auch Ursula Haverbeck-Wetzel, die als ideologische Vordenkerin der rechtsextremen Szene gilt, ist im Bereich Umweltschutz aktiv. Sie war nicht nur Mitbegründerin des heute verbotenen rechtsextremen Collegium Humanum, das sich auch „Akademie für Umwelt- und Lebensschutz" nannte, sondern auch die ehemalige Präsidentin der deutschen Sektion des Weltbundes zum Schutze des Lebens (WSL), der in den 1970er-Jahren wesentlich zum Entstehen der Umweltbewegung beigetragen hat, aber schon bald durch seine rassistischen und revisionistischen Ansichten für große Teile der Bewegung untragbar wurde. (5) Die Holocaust-Leugnerin Haverbeck-Wetzel ist trotz ihres hohen Alters immer noch als Rednerin bei rechtsextremen Veranstaltungen aktiv und nutzt das Thema Umweltschutz, um reaktionäre Vorstellungen zu verbreiten. Bei einem Vortrag über die Ursprünge der deutschen Ökologiebewegung soll sie laut Bericht der Autonomen Nationalisten Moers behauptet haben, der Schutz von Natur und Heimat sei in der deutschen Seele seit Jahrhunderten verankert und schon Adolf Hitler hätte den Einsatz von Atombomben untersagt, weil die Folgen gegenüber Mensch und Natur nicht vertretbar seien.

Auch auf parteipolitischer Ebene ist der Umweltschutz schon lange ein Thema der Rechtsextremen. Die NPD gibt sich engagiert gegen Gentechnik, Braunkohleabbau und Massentierhaltung (vgl S. 17 ff.). Doch diese Themen werden hauptsächlich von männlichen Parteikadern in die Öffentlichkeit getragen. Die wenigen Aktivistinnen, die es geschafft haben, in der NPD ranghohe Posten einzunehmen, sind meistens auf Familien- und Sozialpolitik festgelegt. Bei Kommunal- und Landtagswahlen zeigt sich allerdings auch, dass die weibliche Strategie des bürgernahen, sozialen Engagements Erfolg hat: Mit Marianne Pastörs, Jeanette Krüger, Stefanie Röhr und Fanny Arendt konnten im Jahr 2011 in vier von sechs Landkreisen Mecklenburg-Vorpommerns NPD-Kandidatinnen Sitze in Kreistagen erringen. Die Partei versucht außerdem gezielt, ihre Wählerschaft im weiblichen Bereich zu verbreitern: Die Schülerzeitung „Der Titellose", die die NPD Berlin-Schöneweide veröffentlicht, widmet eine Doppelseite dem Thema „Nationalismus ist Mädchensache" und beschwert sich, die Presse verschweige, dass sich in der nationalen Bewegung auch junge Mädchen und Frauen engagierten. Zumindest das beginnt sich seit dem Bekanntwerden des NSU zu ändern. ────

Anmerkungen

(1) Röpke, Andrea/Speit, Andreas (2011): Mädelsache. Frauen in der Neonazi-Szene. Berlin.

(2) Nüchter, Oliver (2012): Denkfiguren völkisch autoritärer Ideologie – Im Vater- oder Mutterland. In: Heinrich-Böll-Stiftung (Hrsg.): Braune Ökologen. S. 20-39.

(3) Ditfurth, Jutta (1996): Entspannt in die Barbarei. Esoterik, (Öko-)Faschismus und Biozentrismus. Hamburg, S. 17.

(4) Sojka, Klaus: Blühende Landschaft durch völkischen Selbstmord? In: Umwelt & Aktiv 2/2009, S. 29-30.

(5) Geden, Oliver (1996): Rechte Ökologie. Umweltschutz zwischen Emanzipation und Faschismus. Berlin, S. 113 ff.

Zur Autorin

Anna Schmidt, geb. 1977, ist Politikwissen-schaftlerin. Seit 2010 arbeitet sie als freie Journalistin für verschiedene Tages- sowie Wochenzeitungen und als freie Mitarbeiterin für die Amadeu Antonio Stiftung.

Die Neobiota-Diskussion als Einfallstor für Rechtsextreme

Gegen das Fremde, nicht nur im Garten

Von Nils M. Franke

Rechtsextremisten haben den Naturschutz als Thema entdeckt. Politische Parteien dieses Spektrums nutzen Natur- und Umweltschutzargumente, um Mitglieder zu werben und Zustimmung zu erlangen. Die Frage des Umgangs mit fremden Tier- und Pflanzenarten ist dafür ein typisches Beispiel.

"Biologen schlagen Alarm und stellen eine Invasion fremder Arten auf Europa fest. Mit aggressiven Strategien bedrohten diese unseren alten Kontinent." Dieses Bedrohungsszenario ist aktuell auf der Homepage der Nationaldemokratischen Partei Deutschland – Die Volksunion – Landesverband Bayern zu lesen. Warum versuchen Rechtsextremist(inn)en, ein solches Thema aus dem Bereich Natur- und Umweltschutz für sich zu besetzen? Sie erkennen, dass es ihnen möglich ist, es in ihr Weltbild zu integrieren und damit weitere Bevölkerungskreise für sich einzunehmen. Aktuelle empirische Studien wie von Richard Stöss und Wilhelm Heitmeyer zeigen, dass hier ein politisches Potenzial besteht. (1) Rechtsextreme und rechtspopulistische Einstellungen sind weiter in der Gesellschaft verbreitet als vermutet und gewinnen an Zustimmung.

Die Argumentation der Rechtsextremist(inn)en im Themenkreis des Natur- und Umweltschutzes lässt sich jedoch nur mithilfe eines spezifischen Fachwissens analysieren und bedarf daher einer genaueren Betrachtung und Beachtung. Als Beispiel sei hier untersucht, wie Rechtsextremist(inn)en die Fachdiskussion des Naturschutzes um die „Neobiota" aufgreifen und für ihre Zwecke instrumentalisieren.

Fremde Arten, die sich ohne oder mit menschlicher Einflussnahme in einem Gebiet etabliert haben, in dem sie zuvor nicht heimisch waren, werden im Bereich des Pflanzenreichs als „Neophyten", im Bereich der Tierwelt als „Neozoen" bezeichnet. Der Sammelbegriff lautet „Neobiota". Sie sind für den Naturschutz ein Thema, weil er von Gesetzes wegen für den Schutz der heimischen Flora und Fauna zuständig ist. Er bewertet dabei heimische Arten positiv. Die Ausbreitung nichtheimischer Arten außerhalb von begrenzten Flächen wie Park- und Gartenanlagen ist aus seiner Sicht zu verhindern, wenn sie Ökosysteme, Biotope und Arten bedrohen. (2)

Hinter dieser Bewertung steht das Ziel, die Ökosysteme zu erhalten und das Heimatliche zu schützen: Die Tier- und Pflanzenarten wie auch die Landschaft sollen mindestens auf dem aktuellen Niveau der Verbreitung und Ausprägung erhalten bleiben. Neben der Vielfalt der heimischen Arten geht es auch um deren genetische Ausstattung. Hier liegt bereits einer der schwierigsten Aspekte. Schnell wird auch in Fachkreisen von „Verunreinigungen" des einheimischen Genpools durch fremde Arten gesprochen und damit eine völlig unangemessene hygienische Semantik auf den Gegenstand übertragen. (3) Unangemessen ist auch die oftmals in der Diskussion entstehende diffuse Angst vor Arten, die bisher vorhandene Tiere und Pflanzen in einem Lebensraum sehr schnell verdrängen, für Landschaftsveränderungen verantwortlich gemacht werden oder aber gesundheitlich gefährlich sind, wie beispielsweise der Riesenbärenklau.

Angst vor der Überfremdung

Wir haben es im Naturschutz also in Bezug auf die Neobiota mit einem konservativen Standpunkt zu tun, der dem naturwissenschaftlich etablierten System der Evolutionstheorie und seinem Erklärungsmodell einer ständigen Veränderung in der Natur widerspricht. Die Adaption von Arten an ihre sich verändernde Umwelt ist der Schlüsselfaktor für die Selektion, also die Entstehung neuer Arten. Außerdem handelt es sich bei der Ausbreitung von Neophyten oder Neozoen und der Verdrängung anderer Arten um vom Menschen weitgehend unkontrollierbare Prozesse.

Die Diskussion um „Invasive Alien Species", wie Neobiota im Englischen bezeichnet werden, führen Naturschutzakteure zudem nicht immer in erster Linie naturwissenschaftlich. (4) Kulturelle Wertsetzungen werden bisweilen unreflektiert in die naturwissenschaftliche Argumentation eingebaut und wirken dann wie naturwissenschaftliche Fakten. (5) So wird beispielsweise die historische Entdeckung Amerikas 1492 gerne als Stichdatum benutzt, um Pflanzen und Tiere als Neobiota zu identifizieren. Mag die Entdeckung eines Kontinents als Ausgangspunkt einer solchen Definition plausibel erscheinen, so ist das Datum naturwissenschaftlich nicht haltbar, da es etwa für die Einwanderung aus dem asiatischen Raum irrelevant ist. Dieses Kriterium erscheint vielmehr antiamerikanisch.

> **Die Diskussion um „Invasive Alien Species" führen Naturschutzakteure nicht immer in erster Linie naturwissenschaftlich.**

Damit ist der Hintergrund beschrieben, der die Neophytenproblematik für rechtsextreme Positionen ungewollt anschlussfähig macht. Rechtsextremist(inn)en geht es darum, rassistisch motivierte Überfremdungsfantasien zu aktivieren: Wenn sie – wie oben – von „Invasion fremder Arten" sprechen, meint der Ausdruck unterschwellig auch Menschen und hebt auf den Schutz der eigenen Heimat respektive der Nation vor ihnen ab. Grundlage ist die Abwertung des Fremden und seine Stilisierung als Bedrohung.

Rechtsextreme nehmen Naturschutzargumente auf, die auf die Erhaltung der heimatlichen Tier- und Pflanzenwelt sowie Landschaft zielen, und gehen oft deutlich darüber hinaus: Schlagworte wie die „Homogenisierung der Rassen", eine „Horrorvorstellung der Ökologen", werden in Publikationen der Rechtsextremen zitiert und verbinden damit scheinbar ökologisch nachgewiesene Sachverhalte mit den eigenen rassistischen und fremdenfeindlichen Vorstellungen. (6) Sie bauen also den gesellschaftlichen sowie individuellen Umgang mit neu einwandernden Pflanzen- und

Tierarten seitens mancher Naturschutzakteurinnen und -akteure zu einer Argumentationslinie für den Umgang mit dem Anderen in einer Gesellschaft aus und ziehen daraus biologistische Schlüsse.

Biologismus bezeichnet die einseitige und ausschließliche Anwendung biologischer Gesetzmäßigkeiten und Erfahrungsprinzipien auf gesellschaftliche und staatliche Phänomene. Unterschiede zwischen Menschen und Gesellschaften werden als „angeboren" und damit auch „unveränderbar" angesehen, gesellschaftliche Verhältnisse mit „biologischen Differenzen" gerechtfertigt.

Die unwissenschaftliche Auseinandersetzung mit der Neophytenthematik birgt somit zwei Gefahren in sich: Sie spiegelt bewusst oder unbewusst fremdenfeindliche Denkmuster wider und bringt Naturschutzargumente selbst in den Sog entsprechender biologistischer Einstellungen.

Dem zu entkommen gelingt nur, wenn die Neobiotadiskussion fachlich auf einer rein naturwissenschaftlichen Ebene geführt wird; und zwar unter dem Aspekt der Gefährdung des Menschen, aber auch der von Tier- und Pflanzenarten eines Territoriums, die in ihrer Existenz bedroht sein könnten. Der betrachtete Lebensraum sollte nach biologischen Kriterien und nicht politisch oder gar kulturell abgegrenzt werden. Eine Übertragung der Thematik auf die menschliche Gesellschaft ist völlig abzulehnen.

Die Bewertung der biologischen Abstammung

Eine genaue Analyse, warum Rechtsextremist(inn)en das Thema Neophyten aufnehmen, zeigt, dass die Diskussion aus ihrer Sicht zwei Kernbausteine ihrer Ideologie berührt: die Frage der Abstammung und die Frage des Einflusses der Umwelt respektive der Natur auf den Menschen. Rechtsextremist(inn)en lehnen einen Neophyt oder ein Neozoon aufgrund seiner „fremden" Abstammung ab. Abstammung – übertragen auf den Menschen – sehen sie jedoch als Kern der Volksgemeinschaft an. Nur die deutsche Abstammung ermöglicht in ihrer Ideologie die Teilhabe an der Volksgemeinschaft.

Doch was bedeutet Abstammung im Sinne der Rechtsextrem(inn)en? Sie beruht auf der Weitergabe eines Erbguts, das von ihnen als „deutsch" und damit als „höherwertig" angesehen wird. Beide Aspekte sind wissenschaftlich nicht zu begründen.

Erbgut als spezifisch deutsch zu identifizieren, ist objektiv nicht möglich, da ein biologischer Vorgang mit einer kulturellen Entwicklung – die Bildung des deutschen Nationalstaates – verbunden wird. Die Nationalsozialist(inn)en behalfen sich in diesem Kontext bekanntlich mit dem Versuch, Ahnenreihen nachzuweisen. Deren Anfangspunkt in der Geschichte – ab wann galt man als Deutsche(r)? – ließ sich aufgrund der fehlenden wissenschaftlichen Grundlage per se nur willkürlich setzen.

Aber auch die unterstellte Höherwertigkeit dieser Herkunft gegenüber anderen „Rassen" lässt sich nicht logisch begründen. Die Hilfskonstruktion besteht deshalb in der rechtsextremen Ideologie in dem Mythos von Germanien. Der inhaltliche Bogen zur Neobiotathematik lässt sich so schlagen. Die völkische Bewegung stellte die Germanen gegen Ende des 19. Jahrhunderts – unter anderem im Rückgriff auf den römischen Schriftsteller Publius Cornelius Tacitus und die Rezeption seines Werkes „Germania" – überhöht dar. Die Fokussierung Johann Gottfried Herders oder der Gebrüder Jacob und Wilhelm Grimm auf Volksmythen und -sagen sicherte die Rezeption dieser Schrift im 18. und 19. Jahrhundert, wobei die „Germania" zum ältesten deutschen Geschichtsbuch stilisiert und als ernstzunehmende historische Quelle gewertet wurde. Es schildert die Germanen als Waldvolk, das der urbanisierten und aus Tacitus' Sicht degenerierten römischen Stadtgesellschaft überlegen sei, weil es einer harten Landesnatur ausgesetzt ist und sich in dieser behauptet.

Damit kommt der Natur eine besondere Bedeutung zu. Die spezifisch deutsche Natur – also die Außenwelt – habe auch zur Ausprägung der überlegenen Eigenschaften des typisch deutschen Menschen geführt. Hierbei handelt es sich um eine geodeterministische Argumentation, wie sie beispielsweise von der Geografie seit Ende des 19. Jahrhunderts bis in die 1960er-Jahre vertreten wurde, bevor man sie als unwissenschaftlich zurückwies. Der Geo- oder Naturdeterminismus geht davon aus, dass die außermenschliche Natur Persönlichkeits- und Gesellschaftsstrukturen unmittelbar determiniert, Natur also die Normen vorgibt, nach denen sich ein „Volk" richten soll.

Damit schließen sich zwei Argumentationszirkel: Erstens ist die Abstammung für die Rechtsextremist(inn)en deshalb von Bedeutung, weil sie aus ihrer Sicht sichert, dass die spezifisch deutschen Eigenschaften seit Germaniens Zeiten über das Erbgut weitergegeben werden. Zweitens muss die deutsche Natur in ursprünglicher Form

erhalten bleiben, da sie ein wichtiger Bestandteil der Begründung der Volksgemeinschaft ist. Neobiota sind demzufolge abzulehnen, da sie diese Natur „verfälschen".
Mit dieser Analyse ist auch das oft benutzte, aber in seinem Bedeutungsinhalt selten
durchdachte völkische Schlagwort von „Blut und Boden" besser zu verstehen. Mit
„Boden" ist die spezifisch deutsche Natur angesprochen. Sie ist die Voraussetzung für
die Entwicklung von Eigenschaften, die als Unterscheidungsmerkmale zu anderen,
als „minderwertig" angesehenen Nationen angeführt werden. Das „Blut" steht in
diesem Kontext für Abstammung, Vererbung und Herkunft.

Rhetorische Fallen erkennen lernen

Dieser kurze Einblick in rechtsextreme Argumente für Natur- und Umweltschutz
beziehungsweise für die Ablehnung von Neobiota zeigt, dass die entsprechenden
Protagonist(inn)en aus verschiedenen Quellen schöpfen; Biologismus und Geodeter-
minismus wurden als Stichworte genannt. Die Neobiotadiskussion im Naturschutz
ist ein Einfallstor für rechtsextremistische Argumentationen in den Bereich Natur-
und Umweltschutz, da sie oft die Abwertung des Fremden auf der biologischen Ebene vornimmt. Die Rechtsextremist(inn)en integrieren den Diskurs in ihr ideologisches
Denken und übertagen die Abwertung auf die Form menschlichen Zusammenlebens. Für eine erfolgreiche Auseinandersetzung ist es erforderlich, sich über diese
rechtsextremistischen Denkmuster und Strategien zu informieren, um als Bürger(in)
oder Naturschutzakteur(in) nicht in rhetorische Fallen zu tappen, und sich gegen
eine „Vereinnahmung von Rechtsaußen" erfolgreich zu wehren. ———

Anmerkungen

(1) Stöss, Richard: Rechtsextremismus im Wandel. Download der Studie unter www.fes-gegen-rechtsextremismus.de/inhalte/studien_Gutachten.php

Heitmeyer, Wilhelm (2010) (Hrsg.): Deutsche Zustände. Frankfurt am Main.

(2) Eser, Uta/Potthast Thomas (1999): Naturschutzethik. Eine Einführung für die Praxis. Baden-Baden. S. 65-66.

Gesetz zur Neuregelung des Rechts des Naturschutzes und der Landschaftspflege vom 29. Juli 2009. BGBl I S. 2559.

(3) Eser/Potthast: a.a.O., S. 68-74.

(4) Davies, Mark A. et al.: Don`t Judge Species on their Origins. In: Nature 474/2011, S. 153-154.

(5) Eser, Uta (1998): Der Naturschutz und das Fremde. Ökologische und normative Grundlagen der Umweltethik. Tübingen. S. 233-241.

(6) Molau, Andreas 2011: Angriff der Aliens.

www.npd-bayern.de/index.php/menue/56/thema/260/Angriff_der_Aliens.html

(Zugriff am 10.05.2011)

Was stünde auf Ihrem T-Shirt gegen grüne Braune?

Der Browni gehört nicht in die Biokiste!

liche Büro Leipzig. Er lehrt an den Universitäten Mainz, Leipzig und Hamburg, forscht zur Geschichte des Naturschutzes und analysiert die Entwicklung von Konzepten wie Heimat, Globalisierung und Identität.

Zum Autor

Nils M. Franke, geb. 1971, ist Naturschutzhistoriker. Nach langjähriger Leitung des Archivs der Stiftung Naturschutzgeschichte in Königswinter führt er seit 2005 das Wissenschaft-

Kontakt

Dr. Nils M. Franke

Wissenschaftliches Büro Leipzig

Herloßsohnstr. 17, D-04155 Leipzig

Fon ++49/(0)/341/583 14 69

E-Mail franke@rechercheauftrag.de

Rechte Aussteiger mit ökologischem Bewusstsein

„Fleischesser wurden ganz klar nicht geduldet"

Wer mit der Ideologie der Rechten bricht und aus der Szene aussteigt, muss sich grundlegend mit seinen Vorstellungen über Mensch, Natur und Gesellschaft auseinandersetzen. Dabei tritt zutage, wie stark die rechtsextreme Weltanschauung durch Biologismen geprägt ist. Ein Gespräch mit Bernd Wagner von Exit-Deutschland über umweltbezogene Ansichten und Aktionen von Aussteigern.

Herr Wagner, wer kommt zu Ihnen in die Beratung?
Die Menschen, die sich bei uns melden und Hilfe erhoffen, sind Männer und Frauen, die vor allem aus dem Kern von rechtsextremistischen, vor allem militanten Gruppen kommen. Ein Viertel der Aussteigenden sind Frauen. Die meisten sind über 20 Jahre alt und haben einen längeren Prozess des Zweifelns durchlebt, bevor sie sich dazu durchringen, mit uns Kontakt aufzunehmen. Denn wenn in der Szene bekannt wird, dass man Exit-Deutschland angesprochen hat, gibt es Ärger.
Die Erkenntnis, dass sie in einem falschen Film mitspielen, dass ihnen die Ideologie, die sie bisher vertreten haben, nicht mehr tragfähig erscheint, und ihr Verhalten nicht mehr dem entspricht, wie der Mensch der rechten Ideologie nach sein soll, reift bei einigen über Jahre. Manche haben bis zu 20 Jahre während Karrieren

hinter sich, bevor sie aussteigen. Etliche gehen ja schon als Jugendliche, Kinder in die Szene. Je länger jemand der Szene angehört, desto schwieriger ist es auszusteigen.

Warum ist es gerade für Ihre Arbeit mit Ausstiegswilligen wichtig, sich mit dem Zusammenhang von Ökologie und Rechtsextremismus zu beschäftigen?
Für den Ausstieg reicht es nicht zu sagen, „Ich will da nicht mehr mitmachen, weil ich vielleicht für Gewalt- oder Propagandadelikte eingesperrt werde". Es geht vielmehr darum, die eigene Weltanschauung zu reflektieren. Und die rechtsextreme Weltanschauung ist ganz entscheidend durch biologistische und ökologische Themen geprägt. Deshalb sind wir aufgefordert, uns mit dieser biologisch-ökologischen Dimension der rechtsradikalen Ideologie intensiv auseinanderzusetzen, um den Leuten bei der Reflektion von Fragen wie der nach der Gleichwertigkeit von Menschen auch behilflich sein zu können.

Wie äußern die Rechten selbst diesen Zusammenhang?
Im Wesentlichen gehen alle, egal aus welcher Fraktion des rechtsextremen Spektrums sie kommen, von einem ökologischen Modell des Seins aus. Das gilt für sogenannte völkische Gruppen, die im tieferen Sinn der „Artsicherung" widerständig leben und sich Siedlungsprojekte auf ihre Fahnen geschrieben haben. Aber auch für großstädtische Rechtsextremisten, die mit Land, Pflanzen und Tieren direkt wenig zu tun haben. Alle setzen sie in den Mittelpunkt ihrer Ideologie den biologisch begründeten Menschen. Aus der Biologie entspringt ihrem Weltbild zufolge dann die Kultur, die Ethnie, die – ich verwende jetzt mal rechtsextreme Sprache – „Arteigenart der Rasse". Um diesem biologischen Gewordensein einen adäquaten Ausdruck zu verleihen, braucht es ihrer Meinung nach einen völkischen, rassistischen und volksgemeinschaftlichen Staat.
Eine ganz wichtige Frage, die sich Rechtsextreme stellen, ist die nach der sogenannten „Lebensrichtigkeit": Wie soll ein Deutscher, ein biologisch-strukturell gedeuteter Deutscher, leben? Wie geht er mit „Artfremden" um? Die Gesellschaft wird als organisches Ganzes gesehen, in der jedoch „Schadsubjekte" herumlaufen, geradezu wie Viren und Bakterien, die man zum Wohle der Volksgesundheit und des biologischen und kulturellen Rassebestands ausgrenzen und vernichten darf, ja muss. Nicht

umsonst werden Feindbilder wie Ausländer, Juden, Punks, Kinderschänder oder Homosexuelle mit biologischen Begriffen wie Asseln, Zecken oder Ratten assoziiert.

Wofür haben sich Aussteiger während ihrer aktiven Zeit in der rechten Szene umweltpolitisch engagiert?

Wir haben zum Beispiel Aussteiger aus Kreisen der Autonomen Nationalisten, die Führungspositionen innehatten und sich sehr stark ökologischer Themen angenommen haben. Viele haben eine vegane, einige sogar eine frutare Ernährungsweise entwickelt, die in ihrer Gruppe normative Geltung hatte. Sie nahmen auch Einfluss darauf, wie die Gruppenmitglieder mit Tieren, die als dem Menschen ebenbürtige Geschöpfe gesehen werden, umgehen. Fleischesser wurden ganz klar nicht geduldet. In der modernen Strömung des nationalen Sozialismus kann der „deutsche Mann" durchaus ein fleischlos lebendes Individuum sein. Das Propagieren einer fleischlosen Lebensweise ist eine neuere Entwicklung, hat aber historische Bezüge. Wer in der Szene Vegarismus oder Veganismus zelebriert, nimmt sich zum Beispiel die vegetarische Lebensweise von Adolf Hitler zum Vorbild. Relativ neu ist, dass sich Rechtsextreme mittlerweile häufig im Tierschutz engagieren. Aussteiger berichten etwa, dass sie an Demonstrationen gegen geplante Tiermastanlagen teilgenommen haben.

In der Beratung sprechen Sie darüber, wie Aussteiger ihr ökologisches Bewusstsein in ein verändertes Weltbild integrieren können?

Ein gutes Beispiel dafür sind Ausstiegswillige, die aus dem Völkischen kommen und ökologischen Landbau betrieben haben. Nach ihrem Ausstieg können sie vieles von dem angeeigneten Wissen weiter praktizieren. Gerade die Erfahrungen und Grundannahmen des ökologischen Landbaus sind reintegrierbar in eine neue Weltsicht. Im Zuge ihres Ausstiegs bekommen sie dann mit, was Ökologie auch jenseits des Biologistisch-Völkischen bedeuten kann. Dass der Mensch nicht wie ein Rassezuchthund funktioniert, dass er ein zu freier Entscheidung befähigtes Wesen ist und dass kulturelle Unterschiede nicht dauerhaft in vorgeblichen Rassen gründen. Mithilfe dieser neuen Dimension können sie sich vom biologistisch-kulturalistisch-völkischen Ansatz lösen, das ökologische Thema gewinnt einen ganz anderen Stellenwert, unbelastet von den vorherigen Konstruktionen.

Greifen Rechte auch sozial-ökonomische Themen auf?

Ja. Schuld an den Umwelt- und Klimakastastrophen ist in der rechten Ideologie die „unendliche Herrschaftsmacht des jüdischen Finanzkapitals" an der Wallstreet. Das Finanzkapital verheert nicht nur das Klima, sondern den „natürlichen Lebensraum der Ethnien, der Völker und ihrer ökologischen Behausungen". Zum Beispiel berichten Aussteiger von der Kritik an der Papierindustrie, die Sumatra verheert, wodurch die dort „angestammten" Völker ihre Lebensgrundlage verlieren. Wegen der unbändigen Abholzung und der Verödung des Bodens können die Leute nicht mehr ordentlich Landwirtschaft betreiben und müssen dahinvegetierende Existenzen in nicht mehr funktionierenden Siedlungszusammenhängen führen. Über solche Auswirkungen des finanzkapitalistischen Modells wird in der rechten Szene intensiv diskutiert.

Das hört sich ja beinahe empathisch an.

In jedem Fall. Der ethnozentristischen Dimension der rechten Ideologie zufolge ist der eigene Lebensraum als höchstwertig anzusehen. Diesen gilt es sozial, ökonomisch und ökologisch nach einem Volksgemeinschaftsmodell zu befrieden. Andere Völker werden geachtet, wenn sie in ihrem „urspünglichen Biotop platziert" bleiben, wenn keine Volkerwanderung stattfindet und sich die Rassen nicht vermischen. Rechte postulieren dann ethnopluralistisch: Die Türkei den Türken, Papua-Neuguinea den Papua, Amerika den Indianern. Da wird dann durchaus beklagt und ideologisch verarbeitet, dass die europäischen Siedler in Nordamerika die Indianer ausgerottet haben.

Zurück nach Deutschland: In welchen Bundesländern gibt es besonders viele umweltaffine Aussteiger und Austeigerinnen?

Die meisten, die in umweltpolitischer Richtung agiert haben, kommen eher aus dem Norden Deutschlands, Niedersachsen, Mecklenburg-Vorpommern, hier auch viele, die aus dem Westen Deutschlands zugezogen sind. Grundsätzlich sind braune Ökologen überall dort zu finden, wo Landvölkische, Autonome Nationalisten oder auch die sogenannten Identitären, die sagen, sie seien „die Generation der ethnischen Spaltung, des totalen Scheiterns des Zusammenlebens und der erzwungenen Mischung der Rassen", stark sind und ökologisch eingestellte Führungspersönlichkeiten entsprechende Strahlkraft haben. Auch deshalb bin ich dafür, die ökologische Dimension in der Ideologie des Rechtsextremismus stärker zu diskutieren. Deren subtile völkische Interpretation ökologischer Themen kommt in der gesamtgesellschaftlichen Diskussion kaum vor, das hat zuletzt die Debatte um das Buch von Thilo Sarrazin, „Deutschland schafft sich ab", sehr gut gezeigt. Man sollte wirklich mehr investieren in die Aufklärung über biologistische Gesellschaftsmodelle der Rechtsextremen.

Das Interview führte Helena Obermayr

Was stünde auf Ihrem T-Shirt gegen grüne Braune?
Menschenwürde ist unteilbar, sie ist nicht biologisch.

Zur Person
Bernd Wagner, geb. 1955, ist Kriminologe und Experte für Rechtsextremismus sowie Rechtsradikalismus. Bis zur Wende ermittelte er bei der Kriminalpolizei der DDR, ab 1991 leitete er die Abteilung Staatsschutz im Gemeinsamen Landeskriminalamt der Neuen Bundesländer. 1997 gründete er das Zentrum Demokratische Kultur (ZDK) in Berlin, 2000 das erste Aussteigerprogramm für Neonazis in Deutschland, die Initiative Exit-Deutschland.

Kontakt
Bernd Wagner
ZDK Gesellschaft Demokratische
Kultur gGmbH
Bürogemeinschaft Thaerstraße
Thaerstr. 17, D-10249 Berlin
Fon ++49/(0)30/42 01 86 90
E-Mail bernd.wagner@zentrum-demokratische-kultur.de

Impulse

Projekte und Konzepte

Argumentationshilfen für Natur-
und Umweltschutzengagierte

Naturschutz gegen
Rechtsextremismus

Natur- und Umweltschutz sind für rechtsextremistische Organisationen und Publikationen ein Thema. Sie greifen entsprechende
Argumente auf und reichern sie mit der
rechtsextremistischen Ideologie an, höhlen
diese Argumente aus und deuten sie um.
Diese Strategie zur Verbreitung der rechtsextremen Ideologie ist aktuell. Zudem hat
Natur traditionell einen hohen Stellenwert
innerhalb der rechtsextremen Ideologie: Natur wird als Quelle „deutschen Wesens" und
„deutschen Charakters" mythisch überhöht,
wie etwa das Schlagwort „Blut und Boden"
verdeutlicht.

Argumentationshilfen für Natur- und Umweltschutzengagierte sind eine wichtige
Gegenstrategie gegen die Verbreitung der
rechtsextremen Ideologie, die die Ungleich-
wertigkeit der Menschen in den Mittelpunkt
stellt und damit die demokratische Gesellschaft konterkariert. Die Broschüre „Naturschutz gegen Rechtsextremismus. Eine Argumentationshilfe", die vom Ministerium für
Umwelt, Landwirtschaft, Ernährung, Weinbau und Forsten Rheinland-Pfalz in Auftrag
gegeben und im Februar 2012 der Öffent-

lichkeit präsentiert wurde, ist daher Ausgangspunkt einer Kommunikationsoffensive
in diesem Bereich (vgl. S. 100 f.).

Zur Unterstützung von Multiplikator(inn)en
erarbeitet das Ministerium auch Materialien
für Workshops mit Jugendlichen und Erwachsenen. Sie werden in der ersten Jahreshälfte 2013 zum Download zur Verfügung
gestellt. Zwei E-Learning-Einheiten werden
im kommenden Jahr die Arbeit der Lehre-
r(innen) an weiterführenden Schulen in
Rheinland-Pfalz unterstützen. Außerdem soll
2013 speziell für die Fragen und Bedürfnis-
se von jugendlichen Natur- und Umwelt-
schutzengagierten eine eigene Argumentationshilfe entstehen. Engagement für Natur
und Umwelt ist uns wichtig. Gemeinsam mit
den Akteurinnen und Akteuren des privat
organisierten Naturschutzes, der Umweltbil-
dungsträger und des Berufsstands wollen
wir rechtsextremen Protagonist(inn)en die
Möglichkeit nehmen, diese Themen manipu-
lativ für ihre Zwecke zu benutzen.

(Hildegard Eissing)

Kontakt: Hildegard Eissing
Ministerium für Umwelt, Landwirtschaft, Ernäh-
rung, Weinbau und Forsten Rheinland-Pfalz
Fon ++49/(0)6131/16 -2639
E-Mail Hildegard.Eissing@mulewf.rlp.de

Amadeu Antonio Stiftung
Vernetzung und Projekte
gegen Rechtsextremismus

In einer Herbstnacht Ende November 1990 zog eine 50-köpfige Gruppe von rechtsextremen Jugendlichen durch Eberswalde in Brandenburg und machte „Jagd auf Schwarze". In einer Gaststätte schlugen sie brutal drei Afrikaner zusammen. Zwei Mosambikaner kamen mit dem Leben davon, der 28-jährige Angolaner Amadeu Antonio Kiowa hingegen erwachte nicht mehr aus dem Koma. Er starb zwei Wochen später an den Verletzungen, die ihm die Rechtsextremen zugefügt hatten. Er war eines der ersten Todesopfer rassistischer Gewalt nach der deutschen Wiedervereinigung.

Die Berliner Amadeu Antonio Stiftung reagiert seit ihrer Gründung im Jahr 1998 auf die rechtsextreme Alltagskultur in Deutschland, die besonders in den neuen, aber auch in den alten Bundesländern anzutreffen ist. Ihre Hauptanliegen sind es, die zentralen Probleme von Rechtsextremismus, Rassismus und Antisemitismus dauerhaft auf die politische und soziale Agenda zu bringen, die zivile Gesellschaft zu stärken und die Öffentlichkeit für diese Themen zu sensibilisieren. Die Stiftung will besonders lokale Akteure ermutigen, sich vor Ort noch mehr gegen Rechte zu engagieren.

Zu diesem Zweck entwickelt und fördert die Stiftung Projekte und Initiativen, unter anderem zu den Themen Jugend und Schule, Opferschutz und -hilfe, alternative Jugendkultur und kommunale Netzwerke. Die Zivilgesellschaft erhält Zugang zu relevantem Wissen in Form von Seminaren, Materialien für Lehrer(innen), Ausstellungen, Projekten an Schulen und im Austausch mit der Wissenschaft.

In Kooperation mit der Zeit bietet die Amadeu Antonio Stiftung mit dem Projekt „Netz gegen Nazis" eine Informationsplattform zum Thema Rechtsextremismus an. Aktuelle Artikel sowie eine tägliche Presseschau informieren über die Umtriebe der Rechten. Ein Lexikon umfasst zahlreiche Einträge von der Chiffre „A.C.A.B." bis zur „Zwickauer Terrorzelle". Netz gegen Nazis liefert neben diesen Hintergrundinformationen auch konkrete Handlungsvorschläge gegen Rechtsextremist(inn)en. Nicht zuletzt stellt die Plattform eine Vielzahl von Beiträgen zum Thema braune Ökologie bereit. Mit „Mut gegen rechte Gewalt", das die Stiftung zusammen mit dem Stern initiiert hat, informiert eine weitere Internetplattform über die Strategien und Machenschaften von Neonazis.

Die Genderperspektive

Die völkische Ideologie der Rechtsextremist(inn)en ist entscheidend geprägt von der biologistischen Geschlechterideologie, die auch leicht anschlussfähig und attraktiv für gemäßigtere politische und soziale Gruppen ist. Die „Fachstelle Gender und Rechtsextremismus" beschäftigt sich deshalb speziell mit der bislang vernachlässigten Genderperspektive im Rechtsextremismus und will auf diese Weise eine Lücke zwischen Wissenschaft und Praxis schließen. Die Fachstelle vernetzt und fördert daher im Rahmen eines Theorie-Praxis-Transfers den Austausch von Wissenschaftler(inne)n und Praktiker(inne)n, berät Politiker(innen), unterstützt Projekte und sensibilisiert die Öffentlichkeit für das Thema Gender und Rechtsextremismus. (mj)

Kontakt: Amadeu Antonio Stiftung
Linienstr. 139, D-10115 Berlin
Fon ++49/(0)30/24 08 86 10
E-Mail info@amadeu-antonio-stiftung.de
www.amadeu-antonio-stiftung.de

www.netz-gegen-nazis.de
www.mut-gegen-rechte-gewalt.de
www.gender-und-rechtsextremismus.de

Friedrich-Ebert-Stiftung
gegen Rechtsextremismus
Die alltägliche und europäische Problematik im Blick

Rechtsextremist(inn)en sind in der Mitte der Gesellschaft angekommen und vernetzen sich zunehmend über die nationalen Grenzen hinweg. Dieser beunruhigenden Tatsache trägt das Projekt „Gegen Rechtsextremismus" der Friedrich-Ebert-Stiftung (FES) Rechnung. Seit 2005 bringt die FES Expert(inn)en und Multiplikator(inn)en aus Politik, Zivilgesellschaft und Wissenschaft zusammen, um den Rechten entschlossen zu begegnen.

Ziel des Projektes ist es, effektive Strategien für Demokratie und Zivilcourage zu entwickeln. „Gegen Rechtsextremismus" bietet daher regelmäßig für die interessierte Öffentlichkeit Informationsveranstaltungen an, unterstützt als Herausgeberin wissenschaftlicher Studien und Gutachten die Politikberatung und fördert gezielt die Vernetzung der Akteur(inn)e(n) gegen Rechts. Zu weiteren zentralen Projektaktivitäten gehört es, das demokratische Engagement mithilfe der Seminarreihe „Hilfen zum Handeln" und von Partizipationsprojekten, wie etwa Bürgerkonferenzen, zu stärken.

Die beiden Publikationsreihen „Impulse gegen Rechtsextremismus" und „Expertisen für Demokratie" bündeln sowohl die wichtigsten Ergebnisse des Projektes als auch aktuelle Fachbeiträge zum Thema Rechtsextremismus. Seit 2006 gibt die FES zudem im Zweijahresrhythmus die viel beachteten „Mitte-Studien" in Auftrag, die eindeutige empirische Belege für den alarmierenden Befund liefern, dass Rechtsextremismus in der Mitte Deutschlands angekommen ist. Alle Publikationen sind als Download verfügbar. In der Mediathek der Projekt-Homepage steht Video- und Audiomaterial bereit. Darüber hinaus ist die FES Projektträgerin im Rahmen des Xenos-Sonderprogramms „Ausstieg zum Einstieg", das vom Bundesministerium für Arbeit und Soziales gefördert wird und das junge Menschen beim Ausstieg aus der rechten Szene unterstützt. (mj)

Kontakt: Constanze Yakar
Friedrich-Ebert-Stiftung
Projekt „Gegen Rechtsextremismus"
Forum Berlin, Hiroshimastraße 17
D-10785 Berlin
Fon ++49/(0)30/269 35 73 04
E-Mail constanze.yakar@fes.de
www.fes-gegen-rechtsextremismus.de

Endstation Rechts
Länderübergreifendes
Informationsportal

Das Anfang 2006 von den Jungsozialist(in-n)en in der SPD Mecklenburg-Vorpommern gegründete Informationsportal „Endstation Rechts" wendet sich in seiner Arbeit gegen jegliche Form von Rechtsextremismus. Ursprünglich gegen die NPD und die gewaltbereite freie Neonaziszene in Mecklenburg-Vorpommern gerichtet, hat das Portal mittlerweile seinen Fokus auf alle Bundesländer ausgeweitet.

Neben detaillierten Informationen über die Organisation der NPD in Mecklenburg-Vorpommern berichtet Endstation Rechts daher auch über die Umtriebe anderer Parteien wie zum Beispiel DVU, „Republikaner" oder „Die Rechte". Die bundesweite freie Szene in Form von Szeneläden, rechter Musik oder rechter Kleidung nimmt das Portal genauso ins Visier wie die sogenannten „Neuen Rechten", die versuchen, stärker in der Gesellschaft Fuß zu fassen. So analysiert und kommentiert die Redaktion des Portals unter anderem die publizistischen Machenschaften neurechter Organe wie „Junge Freiheit" und „Blaue Narzisse".

Sowohl Endstation Rechts als auch das gegen das rechte Modelabel „Thor Steinar" gerichtete Satireprojekt „Storch Heinar", das ebenfalls von den Jungsozialist(inn)en initiiert wurde, sind für den Deutschen Engagementpreis 2012 nominiert. (mj)

Kontakt: Jungsozialist(inn)en in der SPD
Landesverband Mecklenburg-Vorpommern

Wismarsche Straße 152, D-19053 Schwerin
Fon ++49/(0)385/731 98 31
E-Mail info@jusos-mv.de
www.endstation-rechts.de

Internationale Wochen gegen Rassismus 2013
Im Gedenken an das
Massaker von Sharpeville

20.000 Menschen fanden sich am 21. März 1960 in Sharpeville, 50 Kilometer südlich von Johannesburg, für eine fünftägige gewaltfreie und friedliche Protestaktion gegen die rassistischen Passgesetze des südafrikanischen Apartheidregimes zusammen. Im Laufe des Tages eskalierte die Situation jedoch und die Polizei schoss wahllos in die wehrlose Menge – 69 Menschen wurden getötet, mehrere Hundert Verletzte und Schwerverletzte waren zu beklagen.

Sechs Jahre später erklärten die Vereinten Nationen (UN) den Gedenktag an das Massaker von Sharpeville am 21. März zum „Internationalen Tag zur Überwindung von Rassendiskriminierung". Im Jahr 1979 luden die UN ihre Mitgliedstaaten ein, ergänzend zum Gedenktag umfassendere Aktionswochen gegen Rassismus zu veranstalten.

Der Interkulturelle Rat Deutschlands koordiniert die Internationalen Wochen gegen Rassismus 2013, die vom 11. bis zum 24. März stattfinden und mit einer Auftaktveranstaltung, voraussichtlich in Mainz, eröffnet werden. 2012 setzten die Aktionswochen mit über 1.250 Veranstaltungen an über 300 Orten ein wichtiges Zeichen gegen Rassismus und Fremdenfeindlichkeit.

Botschafter für das Jahr 2013 ist der ehemalige Präsident des Deutschen Fußballbundes (DFB), Theo Zwanziger, der sich bereits in seiner Zeit beim DFB für Toleranz und Zivilcourage stark gemacht hat.

Besonderes Anliegen des Interkulturellen Rates ist es, den Blick auf den Alltagsrassismus und den strukturellen Rassismus in der Mitte der Gesellschaft nicht zu verlieren. Als Folge der finanziellen Krise und der fortschreitenden Ökonomisierung des Sozialen sei eine zunehmende Entsolidarisierung innerhalb der Gesellschaft, gerade bei Besserverdienenden und Einflussreichen, zu beobachten. Die Solidarität mit Minderheiten und Randgruppen schwinde zunehmend. Schwerpunktthema des Jahres 2013 ist daher „Rassismus als Menschenrechtsverletzung". Erste Informationsmaterialien für das Jahr 2013 stehen zum Download auf der Homepage der Internationalen Wochen gegen Rassismus bereit.

Für die Internationalen Wochen gegen Rassismus 2013 bereitet die Hamburger Kampagne „Laut gegen Nazis" die bundesweite Fortsetzung des Stadtprojektes „Hamburg steht auf!" unter dem Titel „Wir stehen auf!" für den Zeitraum vom 15. bis zum 24. März 2013 vor. „Laut gegen Nazis", 2004 gegründet und seit 2008 als Verein tätig, forciert den Zusammenschluss der Zivilgesellschaft in der Auseinandersetzung mit Rechtsextremismus. Unterstützt von populären Persönlichkeiten aus der deutschen Musikbranche und großen Unternehmen setzen die Hamburger(innen) jährlich über 80 Veranstaltungen gegen Nazis um zum Beispiel

Workshops an Hamburger Schulen und bundesweite Informationsveranstaltungen. (mj)

Kontakt: Interkultureller Rat in Deutschland e.V. Geschäftsstelle
Goebelstraße 21, D-64293 Darmstadt
Fon ++49/(0)6151/33 99 71
E-Mail iwgr@interkultureller-rat.de
www.internationale-wochen-gegen-rassismus.de

Laut gegen Nazis e.V.
Kronsaalsweg 70-74, D-22525 Hamburg
Fon ++49/(0)40/54 70 96 78 -0
E-Mail info@lautgegennazis.de
www.lautgegennazis.de

Lernen aus der Geschichte
Politische Bildung
gegen das Vergessen

An alle zeitgeschichtlich Interessierten, nicht nur an Lehrer(innen) und außerschulische Multiplikator(inn)en, richtet sich das Onlineportal „Lernen aus der Geschichte". An die 5.000 Beiträge informieren seit dem Relaunch der Seite im Jahr 2010 über die totalitäre Geschichte des 20. Jahrhunderts, thematischer Schwerpunkt ist der Nationalsozialismus und die Judenvernichtung. Das Portal, das von einer festen Redaktion begleitet wird, entstand im Jahr 2000 und wird seit 2004 von der Berliner Stiftung „Erinnerung, Verantwortung und Zukunft" gefördert.

Lernen aus der Geschichte gliedert sich in vier Hauptbereiche. In der Rubrik „Lernen & Lehren" steht ein kostenloser Fundus von Unterrichtsmaterialien und Methodenvorschlägen zur Verfügung, ein gesonderter Didaktik- beziehungsweise Themenfilter erlaubt eine differenzierte Inhaltsabfrage, des Weiteren ist es möglich, Projekte vorzustellen und Rezensionen zu verfassen. Das monatlich erscheinende „Magazin", das als Newsletter zu abonnieren ist, informiert über Aktuelles aus der historisch-politischen Bildungsarbeit. In „Teilnehmen & Vernetzen" ist es möglich, bundesweit und international Veranstaltungen anzukündigen sowie Wettbewerbe und Förderprogramme vorzustellen. „Online Lernen" archiviert Webseminare von Expert(inn)en zu relevanten Themen und bietet Podcasts an. Fachbeiträge, Projektvorstellungen und Expertenchats auf internationaler Ebene sind in „International Diskutieren", dem vierten und hauptsächlich englischsprachigen Bereich des Portals, verfügbar.

Lernen aus der Geschichte erhielt von der Bundeszentrale für politische Bildung den „einheitspreis 2011 – Bürgerpreis zur deutschen Einheit". (mj)

Kontakt:
Lernen aus der Geschichte
Agentur für Bildung – Geschichte,
Politik und Medien e.V.
Bülowstr. 90, D-10783 Berlin
E-Mail kontakt@agentur-bildung.de
www.lernen-aus-der-geschichte.de

AG „Völkische Siedler"

Aufklärung über rechte Siedlungsprojekte in Mecklenburg-Vorpommern

Wissen Sie, was „völkische Siedler" sind und was diese für Ziele haben? Die selbsternannten völkischen Siedler beziehen sich in ihrer ländlich geprägten Lebensweise auf eine rassistische Blut-&-Boden-Ideologie und versuchen, konspirativ den besiedelten Gebieten ihren neonationalistischen Stempel aufzudrücken. Diese Siedlungsbewegung findet sich vorrangig in Mecklenburg-Vorpommern, die ersten Ansiedlungen von „Völkischen" sind auf den Anfang der 1990er-Jahre zu datieren (vgl. S. 52 ff.).

Die AG „Völkische Siedler" gehört zu den Bündnissen, die sich gegen diese „Siedler" zur Wehr setzen. Seit 2010 trifft sich die AG regelmäßig, um Projekte zu planen und sich über neue Entwicklungen auszutauschen. Sie ist Ansprechpartnerin für Medienanfragen, beteiligt sich am Fachdiskurs und unterstützt Publikationen zum Thema, so zum Beispiel die Broschüre „Braune Ökologen" der Heinrich Böll Stiftung.

Die AG hat des Weiteren Kund(inn)en und Vertriebsmitarbeiter(innen) der Biobranche über den völkischen Hintergrund bestimmter Anbieter von Bioprodukten aufgeklärt. Sie setzt in ihrer Arbeit auf Information, Austausch und Vernetzung und will ein kooperatives und vertrauensvolles Klima in der Region gegen den Einfluss der Rechten verteidigen. Derzeit gibt es noch keine eigene Homepage, ein entsprechendes Angebot ist aber in Planung.

Die AG setzt sich aus den folgenden sieben Institutionen zusammen, die auch unabhängig von ihrer Funktion als Expert(inn)en in Sachen „völkische Siedler" für Demokratie und gegen rechtsextremistische Weltanschauungen eintreten:

Die „Landesweite Opferberatung, Beistand und Information für Betroffene rechter Gewalt in Mecklenburg-Vorpommern" (LOBBI) unterstützt Betroffene rechter Gewalt, sensibilisiert die Öffentlichkeit für die Opferperspektive und thematisiert den gesellschaftlichen Kontext der Angriffe. LOBBI will einen Beitrag leisten für ein Klima der Anerkennung und Gleichberechtigung, in dem Diskriminierungen entgegengetreten wird. Die Opferberatung wurde 2001 gegründet. Die Hilfe erfolgt unentgeltlich, und auf Wunsch bleibt die Identität der Opfer anonym. Als Hilfsmittel zur ersten Orientierung dient die in verschiedenen Sprachen angebotene Broschüre „Perspektiven nach einem rassistischen Angriff". In dem „Glossar der Opferperspektive" erläutert LOBBI rechtliche und medizinische Begriffe, die im Zusammenhang mit einem rechten Gewaltübergriff für die Opfer von Relevanz sind.

„Soziale Bildung e.V.", ein Projektträger im Bereich der politischen Bildung mit Sitz in Rostock, wendet sich in seiner Arbeit ebenfalls gegen undemokratische und rechte Tendenzen in der Gesellschaft. Themenschwerpunkte sind Interkulturelle Bildung, Globalisierung, Gentechnik, Erinnerungspolitik und Rechtsextremismus.

Aktuelle Projekte sind unter anderem „Rostock unter'm Hakenkreuz" und „Check out Lichtenhagen", in denen Jugendliche die rechte Geschichte Rostocks erkunden können. Des Weiteren bietet „Soziale Bildung" Vorträge zu dem Thema „Rechtsextremismus in Mecklenburg-Vorpommern: Symbolik, Lifestyle und Dresscodes" an. Das Modellprojekt „Demokratiestärkende Bildungsarbeit im ländlichen Raum", mit zahlreichen Bildungsprojekten vor Ort, fokussierte von 2007 bis 2010 besonders auf die strukturschwachen und peripheren Regionen Mecklenburg-Vorpommerns.

Seit 2007 gibt es fünf Regionalzentren für demokratische Kultur in Mecklenburg-Vorpommern, koordiniert durch das Ministerium für Bildung, Wissenschaft und Kultur des Landes. Die Regionalzentren verstehen sich als Knotenpunkte eines sich ausweitenden Beratungsnetzwerkes zum Thema Rechtsextremismus und Demokratiefeindlichkeit. Sie komplettieren die AG „Völkische Siedler".

Demokratische Strukturen stärken
Trägerin der beiden Regionalzentren „Bad Doberan Güstrow Rostock" und „Vorpommern-Rügen" ist die Evangelische Akademie der Nordkirche. Ziel dieser Zentren ist es, die demokratischen Strukturen zu erweitern und zu stärken und somit eine wirksame Prävention gegen Rechtsextremismus zu leisten. Die Zentren bieten beispielsweise ein vertrauliches Beratungsangebot mit flankierenden Bildungsmaßnahmen sowie eine Handreichung für den Schulunterricht in Form des Handbuchs „Ideenwerkstatt für ein demokratisches Miteinander" an.

Die Regionalzentren „Westmecklenburg" und „Vorpommern-Greifswald" werden von der Regionalen Arbeitsstelle für Bildung, Integration und Demokratie e.V. getragen und sind unter anderem aktiv in der Beratung von Betroffenen, zum Beispiel von Eltern und Angehörigen rechtsaffiner Kinder und Jugendlicher. Diese Zentren koordinieren zudem das Projekt „Schule ohne Rassismus – Schule mit Courage", über das auch eine Broschüre erhältlich ist. Die Webzeitung „Demokratische Kultur MV" informiert über aktuelle Geschehnisse aus der Region. In Zusammenarbeit mit dem „Infodienst Gentechnik" haben die beiden Zentren und „Miteinander. Netzwerk für Demokratie und Weltoffenheit in Sachsen-Anhalt e.V." Informationen zum Thema Rechtsextremismus und Gentechnik aufgearbeitet und bereitgestellt.

Das Christliche Jugenddorfwerk Deutschland e.V. Waren (Müritz) trägt das Regionalzentrum für demokratische Kultur „Mecklenburgische Seenplatte". Das Angebot dieses Zentrums ist auch wie das der anderen kostenfrei und vertraulich. Das Arbeitsspektrum ist in drei Teile gegliedert. Im Bereich der Krisenintervention, zum Beispiel wenn Neonazis Propagandamaterial in Form von Schulhof-CDs verteilen oder gezielt versuchen, Veranstaltungen zu stören, kann das Zentrum Expert(inn)en vermitteln und zu rechtlichen Fragestellungen Unterstützung anbieten. Die Gemeinwesenberatung zielt darauf ab, demokratische Strukturen und die Autonomie der zivilgesellschaftlichen Akteur(inn)e(n) zu stärken. In seiner Demokratiebildung richtet sich das Zentrum einerseits allgemein an Kinder, Jugendliche und Erwachsene, andererseits gezielt an Multiplikator(inn)en, um diese jeweils mit demokratierelevantem Wissen und Verhaltensweisen vertraut zu machen. (mj)

Kontakt:
www.lobbi-mv.de, www.soziale-bildung.org, www.regionalzentren-eamv.de, www.demokratie-mv.de, www.cjd-rz.de

Internationale Naturschutzakademie (INA) auf der Insel Vilm
Tagungs- und Publikationsprojekt zum Thema Braune Ökologie

Unter dem Titel „Naturschutz – ein aktuelles Themen- und Aktionsfeld der rechtsradikalen Szene" wird vom 25. bis zum 28. November 2013 auf der Insel Vilm bei Rügen ein Workshop über Braune Ökologie stattfinden. Der von der Internationalen Naturschutzakademie Insel Vilm ausgerichtete Workshop ist Teil eines zweijährigen Tagungsprojektes, die Folgeveranstaltung ist für die zweite Jahreshälfte 2014 geplant.

Das Projekt will der Gefahr offensiv begegnen, dass Rechtsextreme ökologische Themen zunehmend vereinnahmen und instrumentalisieren. Ein wachsendes rechtsökologisches Milieu, das mittlerweile nicht mehr nur auf die wirtschaftlich und sozial entleerten Räume ostdeutscher Länder begrenzt ist, bedient gezielt gesellschaftskritische und emotionalisierte Inhalte, wie zum Beispiel Industrialisierung, Gentechnik oder Tierschutz, um Stimmen und Sympathisant(inn)en für sich zu gewinnen. Die rechten Ökolog(inn)en haben mittlerweile bundesweit Kontakte aufgebaut, nicht zuletzt über die sogenannten sozialen Netzwerke im Web 2.0. Zu den Zielen des Tagungsprojektes gehört es daher, Informationen und Kommunikationshilfen für die Naturschutzakteur(inn)e(n) zu erarbeiten und bereitzustellen, um diese für die Problematik zu sensibilisieren. Des Weiteren ist es Ziel, den Naturschutz gegen die Naziideologie zu positionieren und abzugrenzen. Dazu gehört der Aufbau von bundesweiten Netzwerken und Beratungsstellen, die für das Thema Braune Ökologie kompetente Ansprechpartner sind.

Als konkrete Maßnahme sieht das Tagungsprojekt in diesem Zusammenhang unter anderem vor, eine Studie herauszugeben, die Inhalte und Verbreitungswege der rechten Ideologie analysiert. Flankierend dazu sollen Gegenstrategien und Beratungsangebote vorgestellt sowie Institutionen mit einbezogen werden, die sich bereits mit dem Thema beschäftigt haben, um Synergieeffekte zu nutzen. Eine ebenfalls geplante Handreichung für Praktiker(innen) im Naturschutz soll relevante Informationen respektive Ansprechpartner schnell zugänglich machen. (mj)

Kontakt: Dr. Norbert Wiersbinski
Internationale Naturschutzakademie
Insel Vilm (INA)
Bundesamt für Naturschutz, D-18581 Putbus
Fon ++49/(0)38301/86 -111
E-Mail norbert.wiersbinski@bfn-vilm.de
www.bfn.de/01_vilm.html

„Gesicht Zeigen!"
Engagiert für eine starke und mutige Zivilgesellschaft

Im Jahr 2000 gründeten der Journalist Uwe-Karsten Heye, der damalige Vorsitzende des Zentralrats der Juden Paul Spiegel und der Publizist Michel Friedman den Verein „Gesicht Zeigen! Für ein weltoffenes Deutschland". Dessen Anliegen ist es, das zivilgesellschaftliche Engagement zu stärken, für jede Art von Diskriminierung zu sensibilisieren und Menschen zu ermutigen, gegen Rassismus aktiv zu werden. Der Verein hat zahlreiche prominente Unterstützer, Schirmherr ist der ehemalige Bundeskanzler Gerhard Schröder.

In Anbetracht der Folgen von Globalisierung, Migration und politischer Konflikte realisiert „Gesicht Zeigen!" unter anderem auch Projekte für die sogenannte Einwanderungsgesellschaft: „7xjung" ist ein künstlerisches Ausstellungsprojekt, das Erfahrungen von Ausgrenzung, Antisemitismus und Diskriminierung mit speziellem Fokus auf Jugendliche thematisiert. Im bundesweiten Schulprojekt „Störungsmelder on tour" diskutieren Prominente wie der Fußballspieler Thomas Hitzlsperger oder der Musiker Sebastian Krumbiegel vor Ort mit Schüler(innen)n über Rechtsextremismus und Zivilcourage. Das Schulprojekt ist die Weiterentwicklung des Internet-Blogs „Störungsmelder", für den der Verein den Grimme-Online-Award 2008 erhielt. Darüber hinaus ist „Gesicht Zeigen!" im Jahr 2006 mit der Buber-Rosenzweig-Medaille für seinen Beitrag zum interreligiösen Dialog ausgezeichnet worden. (mj)

Kontakt: Gesicht Zeigen!
Für ein weltoffenes Deutschland e.V.
Koppenstraße 93, D-10243 Berlin
Fon ++49/(0)30/30 30 80 80
E-Mail kontakt@gesichtzeigen.de
www.gesichtzeigen.de

Medien

Landeszentrale für Umweltaufklärung Rheinland-Pfalz (Hrsg.): Naturschutz gegen Rechtsextremismus. Eine Argumentationshilfe

Wichtige Aufklärungsarbeit gegen die zunehmende Infiltrierung des Natur- und Umweltschutzes durch Rechtsextremisten will die vom rheinland-pfälzischen Umweltministerium in Auftrag gegebene Broschüre „Naturschutz gegen Rechtsextremismus" leisten. Als Autor der von der Landeszentrale für Umweltaufklärung Rheinland-Pfalz herausgegebenen Argumentationshilfe fungiert der Historiker Nils M. Franke vom Wissenschaftlichen Büro Leipzig.

Die Bandbreite der 36-seitigen Broschüre reicht über die Problematik des (neo-)nationalistischen Schutzes von vermeintlichen „Kulturlandschaften" über die moderne Großstadt als Gegenbild zu einer ländlichen Idylle bis hin zu aktuellen Migrationsdebatten, die die Rechten mithilfe von Umweltschutzthemen xenophobisch und opportunistisch führen. Aktuelle Zitate rechtsextremistischer Gruppierungen wie NPD, DVU oder Midgard e.V., der die Zeitschrift Umwelt &

Aktiv herausgibt, leiten die Kapitel ein. Der Autor hinterfragt kritisch die Aussagen der Rechten, benennt deren unausgesprochene Konsequenzen und legt damit den menschenverachtenden und undemokratischen Kern der rechtsextremistischen Ideologie offen. Franke bindet die heutigen Aussagen rechter Gruppierungen zu natur- und umweltschutzrelevanten Themen an historische Stränge zurück, die über die NS-Zeit bis ins 19. Jahrhundert hinein in die Industrialisierung und die deutsche Romantik zurückreichen.

Als ein wesentliches Fazit darf die für die aktuelle Problemlage nicht unerhebliche Erkenntnis gelten, dass völkisch-nationalistische Vorstellungen von Landschaft und „Lebensraum" integraler Bestandteil des Vernichtungsprogramms der Nazis waren. Denn die Neuansiedlung von „rassisch höherwertigen Deutschen" in osteuropäischem „Lebensraum" konnte nur durch die Vernichtung „rassisch minderwertiger Untermenschen" in den ost- und südosteuropäischen Ländern beziehungsweise Landschaften und „Lebensräumen" im Zuge der „Endlösung" ab 1942 erfolgen.

Didaktisch ist die Broschüre weitestgehend solide aufgebaut, zentrale Begriffe wie zum Beispiel „Rasse", „Ideologie" oder „Ökologie" werden in kurzen Inhaltsangaben definiert. Wünschenswert wäre allerdings ein besser strukturierter Einstieg in das Thema gewesen, die recht ausführlichen historischen Rückbezüge erweisen sich im Laufe der Lektüre zudem als stellenweise redundant. Eine stärkere Fokussierung auf aktuelle, anschauliche Beispiele aus der Szene der braunen Ökologen kommt zugunsten der historischen Bezüge daher zu kurz.

Ungeachtet dieser didaktischen und inhaltlichen Mängel ist die Argumentationshilfe in jedem Fall als Einstieg in das Thema von Nutzen. Sie richtet sich an eine Vielzahl von Leser(inne)n, wie etwa an Multiplikator(in)(nen) in der Bildungsarbeit, an Politiker(innen) und Vertreter(innen) von Verbänden oder Gewerkschaften sowie ganz allgemein an eine kritische Öffentlichkeit. Die Broschüre steht im Internet zum Download bereit. (mj)

Landeszentrale für Umweltaufklärung Rheinland-Pfalz (Hrsg.): Naturschutz gegen Rechtsextremismus. Eine Argumentationshilfe. Mainz 2012, 36 S., Download unter www.umdenken.de

Heinrich Böll Stiftung (Hrsg.): Braune Ökologen. Hintergründe und Strukturen am Beispiel Mecklenburg-Vorpommerns

Wie ökologisch ist „braune Ökologie"? Woran erkennt man braune Ökologen und worin bestehen die Gefahren ihres Tuns? Diesen und anderen Fragen geht die Anfang 2012 von der Heinrich Böll Stiftung herausgegebene Publikation mit dem Schwerpunkt

Mecklenburg-Vorpommern nach. Die 112-seitige Broschüre, die in Zusammenarbeit mit der Evangelischen Akademie Mecklenburg-Vorpommern und der Arbeitsstelle Politische Bildung der Universität Rostock entstanden ist, will eine gesellschaftlich notwendige Debatte anregen und Informationen zu dieser beisteuern – denn braune Ökologen sind keine gesellschaftliche Randerscheinung mehr, die getrost zu vernachlässigen wäre.

Die Publikation ist in zwei Teile gegliedert: Der erste widmet sich historischen Hintergründen und theoretischen Konzepten brauner Ökologie. Die in der Weimarer Republik entstandene Artamanenbewegung, die seit den 1990er-Jahren in Mecklenburg-Vorpommern wieder auflebt, wird ebenso behandelt wie grundlegende Positionen völkischer Ökologie. Diskutiert werden außerdem neue Befunde zu einer alten Kontroverse: Umweltpolitik in Diktaturen und Demokratien.

Der zweite Teil behandelt schwerpunktmäßig die braunen Ökologen in Mecklenburg-Vorpommern. Dabei wird deutlich, dass rechte Gruppierungen gezielt die gesellschaftliche und ökonomische Leere in den strukturschwachen neuen Bundesländern ausnutzen, um dörflich-ländliche Sozialstrukturen zu unterwandern, gesellschaftliche Schlüsselstellen zu besetzen und ein Klima der Einschüchterung und der Angst zu erzeugen.

Die Studie dokumentiert im zweiten Teil aber auch den Widerstand gegen braune Ökologen – Kirchengemeinden, Schulen, Kommunen und Akteure der Zivilgesellschaft sind aufgewacht und gehen aktiv und vernetzt gegen die Rechten vor. Der Anhang bietet wertvolle Hilfestellung: Ansprechpartner(innen) und Adressen von Beratungs- und Informationsstellen, auch auf bundesweiter Ebene, zu den Themen rechte Gewalt und Rassismus sind dort aufgelistet.

Die sehr informativen Beiträge sind durchwegs gut recherchiert und dokumentieren die Umtriebe brauner Ökologen eindrücklich. Die Studie entlarvt so deren Politik als undemokratisch, rassistisch und menschenverachtend. Auf der Homepage der Heinrich Böll Stiftung steht die Broschüre zum Download bereit. (mj)

Heinrich Böll Stiftung (Hrsg.):
Braune Ökologen. Hintergründe und Strukturen
am Beispiel Mecklenburg-Vorpommerns.
Berlin 2012, 112 S., ISBN 978-3-86928-062-2,
Download unter www.boell.de/publikationen/
publikationen-braune-oekologen-13798.html

Kurz notiert

Botsch, Gideon:
**Die extreme Rechte in der Bundes-
republik Deutschland 1949 bis heute**
Wissenschaftliche Buchgesellschaft,
Darmstadt 2012, 151 S., 14,90 €,
ISBN 978-3534238323

Buchstein, Hubertus/
Heinrich, Gudrun (Hrsg.):
**Rechtsextremismus in Ostdeutsch-
land. Demokratie und Rechtsextremismus im ländlichen Raum**
Wochenschau Verlag, Schwalbach 2010,
537 S., 26,80 €, ISBN 978-3-89974578-8

Bundeszentrale für politische
Bildung (Hrsg.):
Nazis. Geht's noch?
Fluter Nr. 42, Bonn 2012, 50 S.,
kostenfrei, Bezug unter www.bpb.de

Bundeszentrale für politische
Bildung (Hrsg.):
Rechtsextremismus
Aus Politik und Zeitgeschichte Nr. 18/19,
Bonn 2012 , 48 S., kostenfrei,
Bezug unter www.bpb.de

Burschel, Friedrich (Hrsg.):
**Stadt – Land – Rechts. Brauner
Alltag in der deutschen Provinz**
Karl Dietz Verlag, Berlin 2010, 190 S.,
14,90 €, ISBN 978-3-320-02201-3

Geisler, Astrid/Schultheis, Christoph:
**Heile Welten. Rechter Alltag
in Deutschland**
Hanser, München 2011, 223 S.,
15,90 €, ISBN 978-3-446-23578-6

Röpke, Andrea/Speit, Andreas:
**Mädelsache! Frauen in der
Neonazi-Szene**
Christoph Links Verlag, Berlin 2011,
248 S., 16,90 €, ISBN 978-3-86153-615-4

Staud, Toralf/Radke, Johannes:
**Neue Nazis. Jenseits der NPD:
Populisten, Autonome Nationalisten
und der Terror von rechts**
Kiepenheuer & Witsch, Köln 2012, 272 S.,
9,99 €, ISBN 978-3-462-04455-3

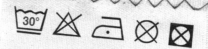

100% Nachhaltigkeit

Ergebnisse der UN-Konferenz zur Biodiversität

Wasserstoff- und Brennstoff- zellentechnik im Verkehr

Der neue Bericht an den Club of Rome

Fluortenside in der Umwelt

Green Publishing. Anders publizieren ist möglich

SPEKTRUM NACHHALTIGKEIT

Die gesellschaftliche Diskussion um die Zukunft ist vielschichtig. Im *Spektrum Nachhaltigkeit* veröffentlicht die *politische ökologie* deshalb – unabhängig vom jeweiligen Schwerpunktthema – Fachbeiträge, die sich mit verschiedenen Aspekten der Nachhaltigkeit auseinandersetzen. – Viel Vergnügen beim Blick über den Tellerrand!

Die UN-Konferenz zur Biodiversität in Hyderabad

Die Natur wird ihr Preisschild nicht los

Von Thomas Fatheuer

Die internationalen Vereinbarungen über Biodiversität zu begleiten ist etwas für Hartgesottene. Die Beteiligten müssen Geduld für zähe Verhandlungsprozesse aufbringen und damit leben, dass sich das öffentliche Interesse in äußerst überschaubaren Grenzen hält. Dabei ist die Bedeutung des Verlusts der Biodiversität, also der Tier- und Pflanzenarten sowie der Ökosysteme unumstritten. In dem vom Stockholmer Resilience Center entwickelten Ansatz der Grenzen des Planeten ist der Verlust der Biodiversität die deutlichste Überschreitung von Grenzen und damit eine bedeutendere globale Herausforderung als der Klimawandel. Auch Kanzlerin Angela Merkel erklärte, dass „der Schutz der biologischen Vielfalt dieselbe Dimension [...] wie die Frage des Klimaschutzes" habe. Dennoch fristet die 1992 beschlossene UN-Konvention über biologische Vielfalt (Convention on Biological Diversity, CBD) ein Schattendasein, und die alle zwei Jahre stattfindenden Konferenzen der beteiligten Statten (Conference of the Parties, COP) werden – anders als die Klimakonferenzen – in der Öffentlichkeit kaum wahrgenommen. Das war auch im Herbst dieses Jahres so, als die 11. Vertragsstaatenkonferenz über die biologische Vielfalt (COP 11) vom 8. bis 19. Oktober im indischen Hyderabad stattfand. Dennoch: Nicht alles ist frustrierend, den 2010 sind auf der COP 10 im japanischen Nagoya eine Reihe von Abkommen unterschrieben worden. Für viele Beteiligte gilt der CDB-Prozess daher als eine Erfolgsgeschichte multilateraler Verhandlungen im UN-System, die zeigt, dass globale Vereinbarungen doch noch möglich sind. In Nagoya verabredeten die Vertragsstaaten einen strategischen Plan mit konkreten Zielen, die 20 sogenannten „Aichi Targets", und ein Abkommen über den ABS-Komplex (Access and Benefit Sharing, ABS). Diese neuen Ziele sind allerdings auch eine Reaktion auf das Nichterreichen der 2002 vereinbarten. Es drängt sich der Eindruck auf, dass der relative Erfolg des CBD-Prozesses mit seiner offensichtlichen Wirkungslosigkeit zusammenhängt.

Wer soll zahlen?

Dennoch bleibt es beachtlich, dass sich die internationale Gemeinschaft auf verifizierbare Ziele im Handlungsfeld Biodiversität geeinigt hat. Aichi-Ziel 3 verpflichtete die unterzeichnenden Staaten, bis 2020 alle Subventionen, die der biologischen Vielfalt schaden, zu beseitigen respektive zu reformieren. Ein weiteres Ziel schreibt vor, 17 Prozent der Landfläche und zehn Prozent der Meeresfläche in jedem Staat unter Schutz zu stellen.

Zwei Jahre nach dem Erfolg von Nagoya stand jetzt in Hyderabad die Frage an, wie es mit dem Erreichen der vereinbarten Ziele weitergehen soll. Braulio Dias, der brasilianische Generalsekretär der CBD, hatte die Prioritäten mit seinem viel zitierten „Implementation, Implementation, Implementation" klar formuliert. Um die Ziele zu erfüllen, braucht es aber erst mal eins: Geld. Und so ging es in Hyderabad nicht nur, aber vor allem um die Frage, wie die notwendigen internationalen Finanzmittel für die Bewahrung der Biodiversität aufgebracht werden können. Nach zähen Verhandlungen verpflichteten sich die „entwickelten" Länder dazu, ihre Mittel für den Schutz der Biodiversität in den Ländern des Südens bis 2015 zu verdoppeln. Das bewerteten fast alle Beteiligten als Erfolg im Rahmen des Möglichen und zu Erwartenden. „Die bei der 11. Vertragsstaatenkonferenz über die biologische Vielfalt (COP 11 CBD) im indischen Hyderabad vertretenen deutschen Umweltverbände begrüßen den heute am letzten Verhandlungstag geschlossenen Kompromiss zur Steigerung der weltweiten Mittel zum Schutz der Biodiversität", heißt es etwa in der Erklärung des Forums Umwelt und Entwicklung, unterzeichnet von den großen deutschen Umweltverbänden.

Der Bundesregierung fiel es nicht schwer, die Beschlüsse von Hyderabad zu unterstützen. Die zusätzlichen Mittel übersteigen nicht die bereits von Kanzlerin Merkel zugesagten 500 Millionen Euro für den Schutz von Wald und anderen Ökosystemen. Die deutschen internationalen Finanzierungen zum Schutz der Biodiversität erbringen das Bundesministerium für Umwelt (BMU) sowie das Bundesministerium für wirtschaftliche Zusammenarbeit und Entwicklungshilfe (BMZ), aber mehr als die Hälfte sind bilaterale Finanzierungen des BMZ. Teilweise überschneiden sich diese Finanzierungen mit den Klimageldern, insbesondere im Bereich Waldschutz.

Die in Hyderabad gemachten Zusagen für internationale Finanzierungen der „entwickelten" Länder sind nicht mit dem gesamten Finanzierungsbedarf zu verwechseln. Sowohl in den OECD-Ländern wie in den Entwicklungsländern muss der größte Teil dieser Mittel aus den nationalen Haushalten kommen. Der genaue Finanzbedarf ist allerdings so schwer zu ermitteln wie die real getätigten Ausgaben, die sich auch in Deutschland nicht nur in Bundesprogrammen finden, sondern in zahlreichen nicht vereinheitlichten Haushaltstiteln von Ländern und Kommunen. Und selbst für die Haushaltsmittel des Bundesressorts erklärt die Bundesregierung, dass es aufgrund der schweren Abgrenzbarkeit und des Querschnittscharakters der Ziele nicht möglich sei, die eingesetzten Haushaltsmittel zu beziffern. (1)

Der Privatsektor soll ran

Aber Vertragsstaatenkonferenzen sind nicht nur ein Ort langwieriger und auch oft langweiliger Verhandlungen, sondern auch – über flankierende Veranstaltungen – ein Forum von Debatten um konzeptionelle Fragen. Wenn die Nebenveranstaltungen auf COPs ein Indikator für Tendenzen sind, dann ist der Befund aus Hyderabad eindeutig: Es geht zusehends ums Geschäft. Traditionelle Naturschutzveranstaltungen hatten geradezu Seltenheit, während die Verbindung Biodiversität und Business allgegenwärtig war. „How can private investment support the conservation of biodiversity?" lautete der durchaus programmatische Titel einer Veranstaltung der Deutschen Gesellschaft für internationale Zusammenarbeit (GIZ). Die Grundidee, den privaten Sektor verstärkt in den Schutz der Biodiversität einzubinden, ist nachvollziehbar: Angesichts knapper öffentlicher Kassen sind die immer wieder genannten Summen für die Finanzierung der Biodiversitätsziele nicht zu erreichen.

Achim Steiner, Direktor des UN-Umweltprogramms schreibt in der Einleitung eines in Hyderabad vorgestellten Buches: „The most recent estimates of overall funding needs to achieve the objectives of REDD+ and the Aichi Biodiversity Targets in Tropical Forests are in the range of 40 billion USD per year [...] We are not at a level of sustained investment that a transition to sustainable forest management and sustainable land use would require. We therefore need stronger private sector and community engagement." (2) Die Beschwörung, den Privatsektor stärker einzubeziehen, wird immer mehr zu einem zentralen Element der Debatte um Biodiversität – das war in Hyderabad gut sichtbar. Aber wie soll denn der Privatsektor, der bisher Biodiversität entweder ignorierte oder von deren Zerstörung profitierte, nun selbige als Geschäftsmöglichkeit entdecken?

Finanzialisierung der Natur

Damit sind wir mitten in einer der zentralen Debatten von Hyderabad, und sie prägt zunehmend die Auseinandersetzung um die Zukunft des Naturschutzes. Das TEEB-Projekt („The Economies of Ecosystems and Biodiversity", TEEB), das eine ökonomische Wertung von „Leistungen" der Natur vornimmt, beherrschte die paradigmatischen Diskussionen. Der Leiter des Projekts, Pavan

Sukhdev, schien allgegenwärtig, um seine zentrale Botschaft zu verkünden: „Put a value on nature". Die fehlende Einbeziehung von (kostenlosen) Leistungen der Natur in privatwirtschaftliche und volkswirtschaftliche Rechnungen ist für ihn die Wurzel des Übels, sprich des Verlusts an biologischer Vielfalt.

Jetzt soll es nicht länger um einen romantischen Naturschutz gehen, sondern um Ökonomie. Sukhdev und TEEB wollen nicht mit Pandas und weißen Tigern überzeugen, sondern mit Zahlen. In Hyderabad konnte man beobachten, wie das „Mainstreaming" von ökonomischen Ansätzen im Biodiversitätsschutz mit Riesenschritten vorankommt. Finanziert durch das Bundesamt für Naturschutz stellte TEEB gleich drei Veröffentlichungen über die Implementierung der Aichi-Ziele vor. Mit Unterstützung der GIZ werden TEEB-Studien in Indien und Brasilien entwickelt, und natürlich wird auch eine TEEB-Studie für Deutschland angekündigt. Auch die Entscheidung der CBD über „Business and Biodiversity" erwähnt TEEB ausdrücklich. Aber nicht nur Pavan Sukhdev verkündete die neue ökonomische Botschaft. Rachel Kyte, Vizepräsidentin der Weltbank für nachhaltige Entwicklung, stellte die Waves Initiative vor: Waves steht für Wealth Accounting and the Valuation of Ecosystem Services. Weltweit will die Weltbank neue volkswirtschaftliche Rechnungsführungen unterstützen, die den Wert von Ökosystemdienstleistungen einbeziehen. Kyte bezeichnete dies als eine der neuen Kernaufgaben der Weltbank.

Die vielfältigen Initiativen, die versuchen, eine neue Ökonomie von Natur und Ökosystemdienstleitung zu entwickeln, waren in

Hyderabad gut sichtbar – und umstritten. Für viele NGOs und soziale Bewegungen läuft dies auf eine „Finanzialisierung der Natur" hinaus oder zumindest auf eine ökonomische Verkürzung der Bedeutung von Natur und Artenvielfalt. Auch wenn die Verfechter(innen) des TEEB-Ansatzes immer wieder betonen, dass es nicht darum gehe, der Natur Preisschilder umzuhängen, bestätigen die aktuellen Tendenzen im Waldschutz die Befürchtungen der Kritiker(innen). Im Laufe weniger Jahre hat sich die Diskussion und Finanzierung im Waldbereich auf das Programm „REDD+" konzentriert. (3) Maßgeblich war und ist dafür die Aussicht, durch einen marktbasierten REDD-Ansatz enorme Mittel für den Waldschutz zu mobilisieren. Das führte auch in Hyderabad dazu, dass die Frage von Biodiversität und Waldschutz sich praktisch ausschließlich auf die Ausgestaltung von REDD+ konzentrierte.

Die Diskussion um eine neue Ökonomie der Natur wird uns sicherlich weiter beschäftigen. Unmittelbar nach der COP in Hyderabad stellte das Umweltministerium in Berlin die Pläne für hiesige TEEB-Studien unter dem Titel „Naturkapital Deutschland" vor. Eine strategisch wichtige Funktion der CBD besteht darin, das internationale Forum zu sein, auf dem neue Fragestellungen („New and Emerging Issues" heißt das offiziell) diskutiert werden können. So war es die CBD, die ein international gültiges Moratorium für Geo-Engineering verhängt hat. Dieses Moratorium ist in Hyderabad bestätigt worden. Die Versuche, ein ähnliches Moratorium für synthetische Biologie zu beschließen, konnte allerdings keine Mehrheit finden. Wenigstens wurde vereinbart, mit Umsicht vorzugehen („Precautionary Approach"), da durch synthetische Biologie erhebliche Risiken für biologische Vielfalt entstehen können, wenn künstlich erzeugte Lebensformen in die Umwelt ausgesetzt werden. Dass mit der CBD überhaupt eine international relevante Konvention existiert, die die Risiken neuer Technologien adressiert, lässt sich gar nicht hoch genug schätzen. ▬

Anmerkungen

(1) Antwort der Bundesregierung auf eine Kleine Anfrage der Grünen vom 24.07.2012 – Drucksache 17/10380.

(2) Oakes, Nick et al. (Hrsg.) (2012): The Little Forest Finance Book. Global Canopy Program. Oxford.

(3) „REDD+" steht für Reducing Emissions from Deforestation and Forest Degradation. Die Grundidee dahinter ist, durch reduzierte Entwaldung CO_2-Emissionen einzusparen. Diese vermiedenen Emissionen könnte auf einem (bisher nicht existierenden) globalen Emissionsmarkt gehandelt werden und so den Waldschutz zu finanzieren helfen.

Zum Autor

Thomas Fatheuer arbeitet seit 2011 als freier Berater und Autor. Davor war er in Brasilien für die GTZ im Bereich Regenwaldschutz tätig und leitete das Brasilien-Büro der Heinrich Böll Stiftung.

Kontakt

Dr. Thomas Fatheuer
E-Mail thomas.fatheuer@gmail.com

Wasserstoff- und Brennstoffzellentechnik im Verkehr

Die Ampel steht noch auf Gelb

Von Weert Canzler und Anke Schmidt

Auf der Internationalen Automobilausstellung 2011 war der ganze Stolz der Brennstoffzellenentwickler von Daimler-Benz zu spüren. Dort standen sie in der Halle des Konzerns in Frankfurt am Main und hatten gerade eine Weltumrundung hinter sich: drei Brennstoffzellenfahrzeuge von Daimler, sogenannte F-Cells auf Basis der B-Klasse von Mercedes. Sie hatten bewiesen, dass die Brennstoffzelle viel schafft, robust ist und ein Auto zuverlässig bewegen kann. Die Euphorie ging so weit, dass sich Konzernchef Dieter Zetsche dazu hinreißen ließ, die F-Cell-Serienproduktion für das Jahr 2014 bekanntzugeben. Diese Ankündigung provozierte leicht skeptische Blicke beim informierten Publikum, hatte Daimler doch schon mal ein serienmäßiges Brennstoffzellenauto angekündigt – in den 1990er-Jahren. Als keines folgte, war die Enttäuschung groß. Für Jahre war die Aufmerksamkeit nicht nur der größeren Öffentlichkeit verschwunden, selbst in der kleinen Szene der professionellen Brennstoffzellenfreunde war man ernüchtert, ja tief frustriert. Doch diesmal scheint alles anders zu sein. Die Technik funktioniert offenbar. Die F-Cells sind in der vierten Generation unterwegs. Größe, Gewicht und Effizienz des Antriebsystems sind optimiert und die ersten Kinderkrankheiten überwunden, hört man aus Entwicklerkreisen. (1) Tatsächlich soll es bald richtige Mercedes-Autos mit Brennstoffzellen zu kaufen geben, die auf Wasserstoffbasis emissionsfrei fahren. (2) Der koreanische Hersteller Hyundai folgt dem ambitionierten Beispiel und kündigt die Serienproduktion ebenso für das Jahr 2014 an. Nur ein Jahr später planen Toyota, Nissan und Honda die Großserieneinführung: Eine bezahlbare FC-Limousine soll den europäischen Markt erobern. General Motors bereitet sich ebenfalls auf den Serienstart vor.

Auch bei den Betriebskosten scheint Land in Sicht. Der Preis von Wasserstoff wird laut dem Unternehmensnetzwerk Clean Energy Partnership (CEP) zukünftig mit den Benzin- und Dieselpreisen konkurrieren können. (3) Bei einem absehbaren Preis von zwei Euro je Liter konventioneller Treibstoff wird es tatsächlich interessant. Derzeit wird das Kilogramm Wasserstoff mit etwa acht Euro (allerdings ohne Energiesteuern) berechnet, was für 100 Kilometer ausreicht.

Infrastruktur? Kein Grund zur Sorge

Technisch scheint die Ampel auf Grün zu stehen und auch wirtschaftlich sind die Aussichten gut, weil erhebliche Kostenreduktionen durch Mengeneffekte sowohl bei den Produktionskosten für die Brennstoffzelle als auch bei den Kosten für die Herstellung von Wasserstoff zu erwarten sind. Dennoch ist ein Unbehagen zu spüren, wenn man sich in der Branche umhört. In einer Reihe von Interviews und einem intensiven Roundtable mit Unternehmensvertreter(inne)n und Wasserstoffspezialist(inn)en, die am Innovationszentrum für Mobilität und gesellschaftlichen Wandel (InnoZ) im Rahmen des vom Bundesverkehrsministerium geförderten Forschungsprojektes Hyrtrust Anfang 2012 realisiert wurden, kommen einige Motive und offene Fragen immer wieder auf. Klare Antworten gibt es nicht. Auffällig ist, dass die unbehaglichen Fragen primär nicht die Technik betreffen. Da sind die Protagonisten der Wasserstoffmobilität selbstbewusst und zuversichtlich. Auch die noch nicht vorhandene Infrastruktur ist für sie kein wirklicher Grund zur Sorge. (4)

Schwierig sind ganz andere Punkte, nicht die technische Performance oder die Kosten. Zugespitzt lassen sich zwei zentrale Herausforderungen für die Wasserstoffmobilität formulieren: Die erste besteht im Profil der neuen Technik, dem Besonderen und Attraktiven. Dabei kann die Energiewende zusätzliche Optionen – und nicht zuletzt Chancen – bieten. Die zweite Herausforderung folgt aus der Erkenntnis, dass bei komplexen technischen und anspruchsvollen Produktinnovationen die klassische Werbung und das übliche Marketing nicht ausreichen. Das Neue muss im wörtlichen Sinne erfahrbar werden – und zwar für viele und unter möglichst realistischen Bedingungen.

Am Symbol mangelt's

Das Dilemma ist alt und für Konsumgüter ziemlich grundsätzlich: Kund(inn)en sind strukturell konservativ, schätzen, was sie kennen, und können sich oft das, was sie nicht kennen, auch nicht recht vorstellen.

Deswegen sind inkrementelle Verbesserungen bestehender Techniken, also das Größenwachstum, so verbreitet. Kein Anbieter geht sehenden Auges das Risiko ein, ein Produkt auf den Markt zu bringen, das zu sehr vom Bekannten abweicht und die Kundschaft überfordert. Auch die Marktforschung zeigt: Der Kunde wünscht sich das Bekannte, nur etwas besser, preisgünstiger und schicker. Diese Pfadabhängigkeit ist aber nur die eine Seite. Innovative Produkte müssen sich andererseits klar und deutlich von bereits etablierten unterscheiden. Gerade da, wo Konsum auch eine Demonstration der Persönlichkeit und der eigenen Werte sein soll, muss dies nach außen sichtbar sein. So lässt sich nicht zuletzt der Erfolg des Toyota Prius in den USA erklären, dem ersten Hybrid-Serienfahrzeug, das sowohl einen Verbrennungs- als auch einen Elektromotor hat. Es ist das Auto der sogenannten „Concerned Celebrities" wie Julia Roberts und Leonardo di Caprio und der postmaterialistischen Bildungsbürger(innen). Bereits das ungewöhnliche Design macht den Besitz dieses Autos zum Statement: „Seht her, ich sorge mich um die Umwelt und fahre daher einen sparsamen Hybrid." Die Frage für die anstehende Wasserstoffmobilität lautet also: Wie lässt sich das FC-Elektrofahrzeug vom batteriebetriebenen Elektroauto und konventionellen Verbrenner abgrenzen? Schließlich muss erkennbar sein, dass es sich um ein FC Auto handelt, ein kleines Kürzel am Heck à la „FC-eco" ist zu wenig. Ein komplett anderes Design ist bisher nicht vorgesehen: Die Brennstoffzelle der B-Klasse verschwindet unauffällig unterhalb der Sitze, im Sandwichboden, wie es im Fachjargon heißt. Fantasie ist gefragt, wie Hersteller künftig den eigenen

Charakter der Wasserstoffmobilität sichtbar machen können, ohne sich ins Abseits der Marktnische jenseits eingefahrener Nutzungs- und Mobilitätsmuster zu begeben. Noch gibt es kein fertiges Konzept, wahrscheinlich geht es nicht um das Fahrzeug allein, sondern um eine sichtbare Symbolik „grüner Mobilität".

Die Wasserstoffmobilität in die Energiewende einzubetten kann die Chance zur Umsetzung möglicher Synergien von radikal neuen Antriebs- und in der Folge auch „grüner Mobilitätskonzepte" sein. (5) Der Ausbau von Wind- und Sonnenenergie erfordert zusätzliche Speicherkapazität. Die Umwandlung von Grünstrom mittels Elektrolyse in Wasserstoff bietet sich an, um auch mittel- und längerfristig die enormen Schwankungen der Produktion erneuerbaren Stroms auszugleichen. Erste Kooperationen zwischen dem Energiekonzern Total und dem uckermärkischen Windproduzenten Enertrag sind bereits geschlossen, Wasserstofftankstellen in Berlin und künftig am Flughafen Berlin-Brandenburg bieten seit Anfang 2012 grünen Wasserstoff an. „Echte grüne Mobilität" von „Well to Wheel" wird möglich, sogar zu wettbewerbsfähigen Preisen, da die Steuerbefreiung bestehen bleibt.

Für Brennstoffzellenfahrzeuge gilt das Gleiche wie für batteriebetriebene Fahrzeuge: Die Erprobung neuer Konzepte bietet sich zunächst in Flotten an. Dort lassen sich die bestehenden Infrastrukturschwächen über eine zentralisierte Wartung, Betankung sowie ein professionelles Energiemanagement einfacher und kalkulierbarer kompensieren als von privaten Nutzer(inne)n. F-Cells können in Fahrzeugflotten von Firmen und Verwaltungen integriert werden, aber auch in die Flotten von Autovermietern und Carsharing-Anbietern. Noch sind derartige synergetische und intermodale Konzepte, die grüne Wasserstoffmobilität einschließen, erst am Anfang; auch die Geschäftsmodelle harren noch der Konsolidierung. Möglich scheint einiges, wenn man sich von der Fixierung auf den Privatkunden und vom bisherigen sektoralen Gebaren verabschiedet.

Wasserstofffahrzeuge in gemeinschaftlichen Flotten zu nutzen hat aber noch einen weiteren Effekt: Viele Personen können Erfahrungen mit der neuen Technik machen. Geteilte Wasserstoffmobilität ermöglicht Zugänge, die ein paar privat genutzte Nischenfahrzeuge niemals zulassen. Hier greift die zweite Herausforderung – die Innovationen müssen sichtbar und erfahrbar sein. Nur davon zu erzählen, reicht einfach nicht.

Die positive Einschätzung überwiegt

Alle Interviews von Testnutzer(inne)n zeigen übereinstimmend, dass das Brennstoffzellenauto funktioniert und – zur Überraschung vieler Befragter – wie gut es funktioniert. Die Geräuschlosigkeit, das andere Fahrgefühl und nicht zuletzt das Bewusstsein darum, „sauber zu fahren", wird regelmäßig benannt und hochpositiv bewertet. Angst und Unsicherheit, lange als potenzielle Bruchstellen in der Akzeptanz von Wasserstoffmobilität gehandelt, werden im Übrigen fast nie geäußert. Die positive Einschätzung – bis hin zur Begeisterung – überwiegt. (6) Solche Reaktionen lassen sich nur erzielen, wenn die Gelegenheit für persönliche Erfahrungen mit der Technik gegeben ist. Nutzen, Fahren und Erleben als praktische Dimension einer ansonsten abstrakt bleibenden Innovation sind notwendige Bedingungen für die breite

Akzeptanz der Wasserstoffmobilität. Gerne wird das iPhone ins Feld geführt, wenn es um eine erfolgreiche radikale Innovation im Konsumsektor geht. Interessant ist dabei, dass nicht die technische Performance oder gar Überlegenheit gegenüber konventionellen und hochleistungsfähigen Mobiltelefonen diesen Erfolg begründen. Es sind vielmehr ganz andere Eigenschaften: Nutzerfreundlichkeit, Design, Coolness, die Chance zum demonstrativen Konsum. Auch ist es gerade die Abwesenheit von technischer Komplexität. Applikationen, kurz Apps, sind attraktiv, Programmiertools sind es nicht. Einige dieser IPhone-Eigenschaften lassen sich übertragen, einige kreieren. Wenn die Geschichte dahinter stimmt. Das gilt ebenso für die Wasserstoffmobilität. Auch wenn die theoretischen Bedingungen erkannt und beschrieben sind, bleiben ungelöste Aufgaben bestehen, zum Beispiel die Bezeichnung, der Name. Wie nennen wir eine grüne intermodale Wasserstoffmobilität? So auf jeden Fall nicht. Wir brauchen eine griffige Übersetzung, ein konkretes und zugleich die Komplexität einfangendes Leitbild. Nur dann kann die Kommunikation erfolgreich sein und nur so lassen sich künftige Frustrationen vermeiden. _____

Anmerkungen

(1) Thomas, Peter: Chance der Zelle. In: Daimler Technicity 2/2010, S. 40-47.

(2) Daten für die B-Klasse F-Cell: 136 PS; 100 KW-E-Motor; Drehmoment: 290 Newtonmeter; Reichweite: 400 Kilometer; Leasingrate: etwa 950 Euro pro Monat. Vgl. Endriß, Thomas 2011: „Mercedes-Benz bekommt für B-Klasse F-Cell den 'F-Cell Award Gold' verliehen", www.greenmotorsblog.de

(3) www.cleanenergypartnership.de

(4) Im Rahmen des Nationalen Innovationsprogramms Wasserstoff- und Brennstoffzellentechnologie (NIP) plant die Bundesregierung, das Wasserstofftankstellennetz von derzeit 15 auf 50 im Jahr 2015 auszubauen. Im Fokus stehen dabei zunächst die Ballungsräume Hamburg, Berlin und München. Vgl. Pressemitteilung des Bundesministeriums für Verkehr, Bau und Stadtentwicklung vom 20.06.2012.

(5) Canzler, Weert/Knie, Andreas (2011): Einfach aufladen. Mit Elektromobilität in eine saubere Zukunft. München.

(6) Canzler, Weert/Deibel, Inga: Wasserstoffbasierte Technologien im Verkehr – auch eine Frage von Vertrauen und Vertrautsein. In: Technikfolgenabschätzung 1/2011, S. 68-70.

Zum Autor, zur Autorin

Weert Canzler, geb. 1960, ist Sozialwissenschaftler und bearbeitet Mobilitätsthemen am Wissenschaftszentrum Berlin für Sozialforschung.

Anke Schmidt, geb. 1981, ist Geografin und beschäftigt sich am Innovationszentrum für Mobilität und gesellschaftlichen Wandel mit der Nutzerakzeptanz von Elektromobilitätsangeboten.

Kontakt

Dr. Weert Canzler
Wissenschaftszentrum Berlin für Sozialforschung
Reichpietschufer 50, D-10785 Berlin
Fon ++49/(0)30/25 49 12 02
E-Mail weert.canzler@wzb.eu

„2052" – Der neue Bericht an den Club of Rome

Das Leben in der Zukunft

Von Jorgen Randers

Vor 40 Jahren erschütterte ein Buch den Fortschrittsglauben der Welt: Der Bericht „Die Grenzen des Wachstums" an den Club of Rome. Heute wirft Jorgen Randers, einer der Mitverfasser des legendären Reports, erneut einen Blick in die Zukunft des Planeten und beantwortet sieben Kernfragen zum Leben im Jahr 2052.

Werde ich ärmer sein?

Der durchschnittliche Einkommensanstieg bis zum Jahr 2052 wird nicht linear verlaufen. (1) Der Pro-Kopf-Verbrauch erreicht in meiner Prognose irgendwann während der nächsten 40 Jahre seinen Höchststand und ist 2052 bereits im Sinken begriffen. Wenn Sie kein(e) Bürger(in) der Vereinigten Staaten sind, werden Sie im Jahr 2052 reicher sein als heute. Aber nur geringfügig – es sei denn, Sie leben in China oder in einem der BRISE-Länder. (2)

Sie werden 2052 viel ärmer sein, als Sie sein würden, wenn im Jahr 2012 ein wohlwollender starker Staat die Investitionen durchgesetzt hätte, die notwendig sind, um Arbeitsplätze zu sichern und die globale Erwärmung unter zwei Grad Celsius zu halten. Wenn Sie während der nächsten 40 Jahre nicht etwas sehr Dummes tun, wird es Ihnen 2052 im Vergleich zu Ihren Nachbarn und Ihrer Referenzgruppe genauso gut oder schlecht gehen wie heute. Sie und Ihre

Referenzgruppe werden die gleichen Entwicklungen durchlaufen. Ausnahme: Sie sind heute sehr wohlhabend. Dann könnte es passieren, dass Ihre soziale Stellung aufgrund der Umverteilung sinkt. In der Tat bin ich der Meinung, dass eine solche Umverteilung stattfinden wird, um einige der Spannungen zu lösen, die die rapide fortschreitende Ungerechtigkeit in der kapitalistischen Welt erzeugt.

Wird es genug Arbeitsplätze geben?

Ja, in Zukunft wird es genauso viele Arbeitsplätze geben wie in der Vergangenheit – in Relation zur Erwerbsbevölkerung. Oder wissenschaftlicher formuliert: Es gibt wenig Grund zur Annahme, dass in der Zukunft eine wesentlich höhere (oder niedrigere) Unterbeschäftigung herrscht, als dies in der letzten Generation der Fall war. Etwa zehn Prozent der Menschen, die eine bezahlte Arbeit suchen, werden sie nicht sofort finden. In Zeiten guter Konjunktur wird die Quote eher bei fünf Prozent, während Konjunkturabschwüngen und Rezessionen eher bei 15 Prozent liegen. Dies gilt für die kommenden wie für die vergangenen Zeiten.

Der Grund dafür ist einfach. Für den Einzelnen ist Arbeit in einer industriellen oder einer postindustriellen urbanisierten Gesellschaft unerlässlich. Und die Gesellschaft wird, zumindest auf lange Sicht, alles tun, damit es Arbeitsplätze gibt, normalerweise indem sie schnelles Wirtschaftswachstum anstrebt. Wir wissen aber aus der jüngsten Vergangenheit, dass das ein schwieriges Unterfangen ist, das Politiker(inne)n häufig nicht gelingt. Folglich gehen wir durch lange Phasen mit hoher Arbeitslosigkeit, auch in hoch entwickelten Volkswirtschaften. Und, da das Bruttoinlandsprodukt gemäß meiner Prognose langsamer wachsen wird, wird die Aufgabe, Vollbeschäftigung zu sichern, immer schwieriger werden.

Wird die Arbeitslosigkeit nicht kurzfristig beseitigt, dann nur, weil die Gesellschaft nicht willens ist, das Instrumentarium zu nutzen, das der herrschenden Elite zur Verfügung steht. Denn dieses Instrumentarium bedeutet Umverteilung: den Reichen (jenen mit einem Arbeitsplatz) etwas wegzunehmen und den Armen (jenen ohne Arbeitsplatz) etwas zu geben. Letztendlich können die Machthabenden Geld drucken und die Arbeitslosen verpflichten, für dieses Geld diejenigen Aufgaben zu erledigen, die in einer Gesellschaft erledigt werden müssen. So kann zum Beispiel die Politik beschließen, dass die Gesellschaft Deiche zum Schutz vor dem steigenden Meeresspiegel braucht, oder dass Kunst für die Öffentlichkeit geschaffen werden muss.

Der Preis für diese Maßnahme ist eine höhere Inflation, aber das kümmert die Reichen mehr als die Armen. Solange es in der Wirtschaft unzureichend genutzte Ressourcen gibt, sind schuldenfinanzierte öffentliche Arbeitsbeschaffungsmaßnahmen für den Staat tragfähig. Die Reichen werden Zeter und Mordio schreien, denn sie werden diese Strategie als genau das erkennen, was sie ist: eine Umverteilung von Vermögen und Einkommen von den Reichen an die Armen. Ist die Elite allerdings so dumm und löst das Problem der Arbeitslosigkeit nicht in einem annehmbaren Zeitraum, kommt es unweigerlich zu einer Revolution – oder zumindest zu einer Situation, die so bedrohlich für das System ist, dass endlich reagiert wird. Solche Aufstände senken zwar kurzfristig das Einkommen, sorgen aber längerfristig für eine Neuverteilung der Karten und bieten so den ehemals Arbeitslosen neue Chancen.

Wird uns der Klimawandel wirklich schaden?

Ja, aber wir werden erst ab 2040 ernsthaft betroffen sein. Meine Prognose zeigt auf breiter Zahlenbasis auf, wie die globale Durchschnittstemperatur im Laufe der nächsten Jahrzehnte ansteigen wird. Während der Anstieg heute (2012) im Vergleich zum vorindustriellen Zeitalter bei 0,8 Grad Celsius liegt, wird er 2052 bei 2,0 liegen und im Jahr 2080 seinen Höchstwert bei 2,8 Grad Celsius erreichen. Der prognostizierte Höchstwert im Jahr 2080 liegt jenseits der Gefahrenschwelle zu einem – und da sind sich international führende Politiker(innen) einig – unkontrollierbaren Klimawandel. Aber Achtung: Das ist ein politisch verhandelter Wert. Über die Frage, ab wann der Temperaturanstieg eine Gefahr für uns darstellt, gingen und gehen die Meinungen auseinander.

Sehr viele wissenschaftliche Arbeiten setzen sich mit einem Anstieg von zwei Grad Celsius auseinander. Die Forscher(innen) sind sich dabei über die groben Folgen einig: mehr Dürreperioden in dürregefährdeten Regionen und mehr Regen in niederschlagsreichen Gebieten, mehr extreme Wetterereignisse wie Starkwinde, Starkregen und intensive Hitzeperioden, stärkeres Abschmelzen der Gletscher und des arktischen Eises, ansteigende Meeresspiegel und ein Versauern der Meere. Dazu kommen natürlich die höheren Temperaturen und die höheren CO_2-Konzentrationen in der Atmosphäre, die den Pflanzenwuchs in Wald und Feld in den höheren nördlichen Breitengraden verstärken. Kurz: Die Ökosysteme wandern Richtung Pol und bergauf.

Der Verlust von Skigebieten ist ärgerlich, aber keine Katastrophe. Ähnliches gilt für die länger werdenden Trockenperioden im Westen der Vereinigten Staaten oder für die steigende Anzahl richtig heißer Tage in der Provence. Richtig problematisch allerdings wird die Sache, wenn wir uns dem langsamen Anstieg des Meeresspiegels um die pazifischen Inseln zuwenden, die verschwinden werden, wenn der Meeresspiegel nur um einen Meter ansteigt – und das ist doppelt so viel, wie für 2052 prognostiziert.

Wird Energie teurer?

Ja. Der durchschnittliche Pro-Kopf-Energieverbrauch wird steigen. Aber nur bis etwa zum Jahr 2040. Das heißt, einige Jahrzehnte wird jeder von uns mehr Energie verbrauchen, bis nachlassendes Wachstum und steigende Energieeffizienz tatsächlich zu sinkendem Energieverbrauch pro Jahr führen. Meinen Kalkulationen zufolge sinkt die Energieintensität der Wirtschaft graduell von 300 Kilogramm Öleinheiten pro tausend KKP-Dollar des Bruttoinlandsprodukts im Jahr 1970 auf 180 im Jahr 2010 und etwa 120 im Jahr 2050. (3) Das heißt, der Wert, der pro Einheit verbrauchter Energie generiert wird, steigt dramatisch an, was wiederum auch bedeutet, dass der Anteil der Wertschöpfung, der in die Energiebeschaffung fließt, wahrscheinlich sinkt.

Ich gehe davon aus, dass die Energiepreise pro Energieeinheit um ein Drittel steigen. Während einer ersten Einführungsphase werden die erneuerbaren Energien zunächst sogar noch teurer sein, aber ich denke, dass Sonne, Wind und Biomasse langfristig Energie zu Preisen liefern werden, die etwa 30 Prozent über den heutigen liegen. Da die Energieintensität jedoch bis 2052 um 50 Prozent sinken wird, könnte Ihre jährliche Stromrechnung tatsächlich auch geringer ausfallen. Der Anteil der Energiekosten am Bruttoinlandsprodukts, das um mehr als 100 Prozent steigt, wird ebenfalls sinken. Aber das gilt für einen Planungshorizont von 40 Jahren. In der Zwischenzeit kurbeln die Gesellschaften ihre Investitionen an, um den Übergang von den fossilen zu den erneuerbaren Energien zu fördern. In diesem Zeitraum wird Energie teurer.

Grob gerechnet verwendet jede(r) Bürger(in) weltweit durchschnittlich ein Zwölftel der Arbeitszeit für die Begleichung seiner respektive ihrer Energiekosten, und dieser Anteil könnte während der Übergangszeit zu erneuerbaren Energien auf ein Achtel ansteigen. Energie wird also teurer, aber meiner Meinung nach nur unwesentlich. Der wesentliche Grund, warum die Energiekosten kurzfristig nicht steigen, ist der langsame Übergang zu erneuerbarer Energie. 2052 werden immer noch 60 Prozent der verbrauchten Energie aus fossilen Quellen kommen. Die Klimaschäden werden deshalb schnell zunehmen, ebenso wie die Kosten für die Beseitigung der Schäden. Paradoxerweise müssen die Menschen dadurch Reparaturrechnungen nach den Krisen begleichen, anstatt vorher die gleiche Geldsumme in erneuerbare Energie investiert und die Schäden vermieden zu haben.

Wird die jüngere Generation widerspruchslos die Schulden und Renten der Alten zahlen?

Generationengerechtigkeit ist insbesondere in den Industrie- und den Schwellenländern von Bedeutung, wo sich die überkommenen Lösungen zu den Rechten und Pflichten der Generationen in den vergangenen Jahrzehnten am dramatischsten verändert haben. In den reichen Teilen der Welt steht die Generation, die enorme Schuldenberge und ungedeckte Rentenansprüche angehäuft hat, vor dem Rentenalter. Die – vorsichtig ausgedrückt – interessanteste Frage ist nun, ob die nachfolgende Generation diese Last tragen und die Schulden ebenso wie die Renten widerspruchslos zahlen wird. Ich denke, nein. Der einfachste Grund ist, weil sie es nicht müssen. Sie sind zwar gesetzlich verpflichtet, physisch können sie aber nicht dazu gezwungen werden. Wenn es hart auf hart kommt, werden die Alten den Krieg der Generationen verlieren.

Der zweite Grund ist, dass die Last augenscheinlich bereits abgeworfen wird. In zukunftsorientierten und gut organisierten Ländern wurden die Rentensysteme reformiert, damit die künftigen Zahlungen sinken. Es gibt jedoch kaum Zweifel, dass die aktuelle Situation (das heißt: Gesetzgebung) vor allem der Nachkriegsgeneration, der ich auch angehöre, Vorteile verschafft. Wenn wir die drohenden Klimaschäden noch hinzurechnen, gibt meine Generation ein noch schlechteres Bild ab. Denn dann ist es nicht nur die jetzige junge Generation, die draufzahlt, sondern auch die künftige noch ungeborene. Sie müssen mit dem CO_2 leben, das meine Generation Jahre lang bedenkenlos in die Atmosphäre gejagt hat. Gern wird argumentiert, dass das ja nicht so schlimm sei, denn immerhin hinterließen wir ja den kommenden Generationen eine Unmenge an Kapital, Infrastruktur und Technik. Aber um sinngemäß den Weltwirtschaftsrat für Nachhaltige Entwicklung zu zitieren: „Menschen können nicht in kollabierenden Ökosystemen erfolgreich sein."

Die jetzige Generation hat den künftigen einfach zu viel aufgebürdet. Das kann nicht so weitergehen. Die Jungen, so nehme ich an, werden diese Last nicht einfach tragen.

Werden wir einen stärkeren Staat sehen?

Ja, aber nicht überall. In den kommenden Jahrzehnten werden neue Probleme auf die Welt zukommen – über die bestehenden He-

---

*Buchtipp

„2052" heißt der aktuelle Bericht, in den die globalen Prognosen 30 führender Wissenschaftler, Ökonomen und Zukunftsforscher eingeflossen sind. Die Zukunft wartet mit gewaltigen Herausforderungen auf; sie zu meistern wird unsere Jahrhundertaufgabe sein. Der neue Bericht an den Club of Rome liefert hierzu die (über)lebensnotwendigen Grundlagen.

Randers, Jorgen (2012): 2052. Der neue Bericht an den Club of Rome. Eine globale Prognose für die nächsten 40 Jahre. oekom 2012, 430 S., 24,95 €, ISBN 978-3-86581-398-5. Erhältlich unter www.oekom.de

rausforderungen hinaus, Wirtschaftswachstum zu generieren und soziale Stabilität zu wahren. Der Klimawandel ist ein globales Problem: Die Temperaturen steigen überall, unabhängig von der Quelle der Emissionen. Und er ist ein wahrhaft langfristiges Problem: Die Temperaturen werden erst 30 Jahre nach dem Ergreifen der ersten, dem Problem angemessenen Maßnahmen reagieren. Solche Probleme sind nur schwer zu lösen, wenn man sich auf die Kräfte des „freien" Marktes beschränkt. Es ist auch wahrscheinlich, dass der Staat intervenieren muss, um der immer ungleicher werdenden Verteilung von Einkommen und Reichtum entgegenzuwirken, die sich als natürliche Folge des freien Marktes kontinuierlich verschärft. Sogar die eingefleischtesten Liberalen beginnen zu erkennen, dass Umverteilung nichts ist, wofür der Markt automatisch sorgt, sondern dass eine Umverteilung durch politische Maßnahmen (zum Beispiel Besteuerung) erfolgen muss, weil Ungerechtigkeit ein potenziell destabilisierender Faktor der Wirtschaft sein kann.

In einigen Ländern wird die Forderung nach einem starken Staat laut werden, der für eine klare und effektive Politik sorgt, auch wenn das weniger Demokratie und weniger freien Markt bedeutet. Ich denke, wir befinden uns nahe dem Wendepunkt in der langsamen gesellschaftlichen Pendelbewegung zwischen Liberalismus und starkem Staat. In den kommenden 20 Jahren werden wir häufiger sehen, dass der Staat interveniert und notwendige Entscheidungen trifft, anstatt zu warten, dass der Markt die Führung übernimmt. Es ist schwer zu sagen, wo der starke Staat zuerst auftauchen wird, aber wahrscheinliche Kandidaten sind die Länder, die

durch die liberale Ideologie an den Abgrund gedrängt wurden, und solche, die auf eine Geschichte erfolgreicher Regierungen zurückblicken. In der Zwischenzeit sehen zentralistische Verwaltungen wie etwa in Singapur zunehmend gut aus, solange sie den Trend zu wachsender Ungerechtigkeit im Griff haben. Der Kampf gegen Korruption ist ein erster und wichtiger Schritt in diese Richtung.

Um Missverständnisse zu vermeiden, möchte ich an einem Beispiel erläutern, was für mich „starker Staat" bedeutet: Ein starker Staat kann ein Land dazu bewegen, von billiger und schmutziger fossiler Energie auf teurere Solarenergie umzusteigen – und zwar bevor Letztere wettbewerbsfähig ist. Ein starker Staat handelt im langfristigen Interesse der Menschen, auch wenn diese kurzfristig nicht damit einverstanden sind. Ein starker Staat trotzt nicht nur dem Widerstand der derzeitigen Energieindustrie, sondern auch dem Widerstand der Mehrheit der Wähler(innen), die kurzfristig möglichst billige Energie möchten.

Wird der starke Staat rechtzeitig kommen, um das Klimaproblem zu lösen? Das glaube ich nicht. Aber im Jahr 2052 wird ein starker Staat wesentlich akzeptierter sein als heute, und einige der offensichtlichen Lösungen werden schon weit gediehen sein.

Wird die Welt des Jahres 2052 eine bessere Welt sein?

Es wird gewaltige Unterschiede zwischen den Menschen geben. Die durchschnittliche Lebenszufriedenheit im Jahr 2052 spiegelt die Zufriedenheit von etwa zwei Milliarden Menschen wider, die in den vergangenen 40 Jahren vom Land in eine annehmbare Wohnung in einer Metropole gezogen sind, etwa zwei Milliarden Angehörigen der Mittelschicht, die in 40 Jahren kaum eine Gehaltserhöhung erlebt haben, zwei Milliarden, deren Einkommen während ihrer Lebenszeit von zehn KKP-Dollar pro Tag (Vietnam heute) auf 20 KKP-Dollar pro Tag (Ukraine heute) angestiegen ist, und zwei Milliarden Menschen, die in den teils ländlichen Gebieten eines armen Landes ums Überleben kämpfen.

Alle acht Milliarden Menschen werden irgendeine Form von Internetzugang haben, wesentlich besser informiert sein und ihren Energiebedarf stärker aus lokal erzeugter Solarenergie decken. Sie werden sehr viel weniger Kinder haben. Die meisten werden in den Städten, eine Minderheit auf und vom Land leben. Letztere wird mit den Schäden zu kämpfen haben, die der Klimawandel verursacht hat. Diejenigen, die in den Städten wohnen, werden die Auswirkungen der Wetterschwankungen zwar selten aus erster Hand erleben, aber in dem unangenehmen Bewusstsein leben, dass noch weitere negative Folgen des Klimawandels zu erwarten sind. Materiell gesehen lautet die Antwort wohl ja, im Schnitt wird die Welt ein besserer Ort sein; aus psychologischer Sicht wohl eher nein, denn im Jahr 2052 sind die Zukunftsaussichten düster. Auf eine bessere Zukunft hoffen können die, die unter den Folgen des Klimawandels leiden, wenn irgendwo auf dem Planeten einige ressourcen- und ideenreiche und anständig regierte Länder existieren, die alles daran setzen, die globale Erwärmung zu stoppen. ——

Anmerkungen

(1) Der vorliegende Text ist ein gekürzter Auszug aus dem Buch „2052. Eine globale Prognose für die nächsten 40 Jahre" von Jorgen Randers, das 2012 auf Deutsch beim oekom verlag erschienen ist.

(2) Zu den BRISE-Ländern zählen Brasilien, Russland, Indien, Südafrika und zehn weitere große Schwellenländer.

(3) Landeswährungen werden in sogenannte KKP-Dollar umgerechnet, um das Volkseinkommen angesichts der unterschiedlichen Kaufkraftniveaus in den Ländern vergleichbar zu machen.

Zum Autor

Jorgen Randers, geb. 1945, ist Mitverfasser der Studie „Die Grenzen des Wachstums" und lehrt heute als Professor für Klimastrategie an der BI Norwegian Business School. Er gehört u.a. dem Nachhaltigkeitsrat der British Telecom in Großbritannien und des Unternehmens Dow Chemical in den USA an.

Kontakt

Prof. Dr. Jorgen Randers
BI Norwegian Business School
Nydalsveien 37
N-0442 Oslo
E-Mail jorgen.randers@bi.no

Fluortenside in der Umwelt

Eine Spurensuche

Von Ingo Valentin

▬ In der Umwelt findet man sie mittlerweile überall. Auch deshalb ist die Stoffgruppe der Fluortenside in den vergangenen Jahren in den öffentlichen Fokus geraten. Perfluorierte Tenside (PFT) sind eine Gruppe von über 1.000 synthetisch hergestellten, organischen Stoffen, die in der Natur ausschließlich durch den Menschen bedingt vorkommen. (1) Im Vordergrund stehen dabei die Substanzen Perfluoroctansäure (PFOA) und Perfluoroctansulfonsäure (PFOS). Aufgrund ihrer Eigenschaft, gleichzeitig fett- und wasserabweisend zu sein, werden die sehr stabilen Fluortenside in vielen Bereichen und Produkten eingesetzt. So sind sie in imprägnierten Textilien und Teppichen enthalten, werden bei der Beschichtung von Papier, Kochgeschirr und in Galvanikbädern verwen-

det und finden sich in Feuerlöschschäumen. Bei der Herstellung und Verarbeitung der PFT, der Verwendung in Alltagsprodukten und deren Beseitigung, beispielsweise auf Deponien, sickern die Schadstoffe in Böden und Wasser und belasten Flüsse, die Weltmeere und die Atmosphäre. Belastete Klärschlämme sind eine weitere Kontaminationsgefahr für die Böden. (2) Mittlerweile lassen sich die Chemikalien weltweit in Gewässern, aber auch in allem tierischen und menschlichen Blut nachweisen. Kritisch wird die lange Verweildauer im menschlichen Organismus bewertet. Tierversuche belegen den Verdacht, dass verschiedene Einzelsubstanzen krebserregend und als fortpflanzungsgefährdend einzustufen sind. Die als besonders kritisch anzusehende Perfluoroctansulfonsäure ist umweltpersistent und unterliegt keiner Zersetzung. Deshalb wurde ihr Einsatz in der EU zwischenzeitlich weitgehend verboten. Ausnahmen gibt es im Bereich von Galvanikbädern, Hydraulikflüssigkeiten für die Luftfahrt sowie bei bestimmten fotografischen Beschichtungen.

2009 hat die Stockholmer Konvention PFOS in die Liste der langlebigen organischen Schadstoffe aufgenommen, die es zu beschränken gilt. In der Vergangenheit war es hauptsächlich die US-amerikanische Firma 3M, die PFOS hergestellt hat. Als die toxischen Eigenschaften dieses Stoffes bekannt wurden, Un-

tersuchungen der Arbeiter(innen) sehr hohe Blutgehalte ergaben und massive Boden- und Grundwasserverunreinigungen im Umfeld der Produktionsstätte ermittelt wurden, stellte das Unternehmen bereits 2001 die Produktion von PFOS ein.

Feuerlöschschäume haben es in sich

Aufgrund ihrer oberflächenaktiven Eigenschaften und ihrer wasserfilmbildenden Wirkung werden Fluortenside in manchen Feuerlöschschäumen eingesetzt und von Feuerwehren bei Bränden von Papier- und Kunststofflagern, in Industrieanlagen und bei Flüssigkeitsbränden verwendet. Bis Anfang der 2000er Jahre enthielten diese Schäume PFOS-Anteile im Prozentbereich. Die neue Generation der AFFF-Schäume basiert auf polyfluorierten Tensiden wie den Fluortelomeren. Diese können jedoch PFOA, PFOS und kürzerkettige PFT als Verunreinigung in nicht zu vernachlässigenden Anteilen enthalten.

Aufgrund ihrer Stoffeigenschaften mögen diese Verbindungen zunächst weitaus weniger gefährlich erscheinen. Doch einerseits sind ihr Verhalten in der Umwelt und ihre Toxikologie bis heute nur unzureichend untersucht, andererseits können bei Umwandlungsprozessen wiederum PFT entstehen. (3) Auch die als PFOS-frei eingestuften Substanzen dürfen Verunreinigungen von bis zu 0,001 Gewichtsprozent PFOS enthalten. (4) Dies entspricht immer noch einer zulässigen Konzentration von etwa 10.000 Mikrogramm pro Liter im Schaumkonzentrat. Diese Gehalte können zu Grundwasserverunreinigungen führen, die deutlich über dem langfristigen Mindestqualitätsziel von 0,1 Mikrogramm pro Liter für einen vorsorgeorientierten und generationsübergreifenden Trinkwasserschutz

liegen. Die eingesetzten Mengen an PFT können während eines einzigen Großbrandes 20 bis 40 Tonnen Schaummittelkonzentrat betragen. Große petrochemische Industriebetriebe halten bis zu 400 Tonnen dieser Mittel vor, die im Fall eines Großbrandes zum Einsatz kommen. In der Vergangenheit wurden PFT-haltige Löschschäume nicht nur bei tatsächlichen Bränden eingesetzt. Sowohl die Berufs- als auch die Werksfeuerwehren von Industrieanlagen und Flughäfen haben umfangreiche Löschübungen mit diesen Mitteln abgehalten und Brände an Autos, Flugzeugen und Gebäudeteilen gelöscht, obwohl die Entwässerung vielfach unzureichend war.

Über diffuse Wege wie das Abwasser können Fluortenside aus Alltagsprodukten in die Umwelt geraten. Im Gegensatz dazu gelangen PFT-haltige Schäume am Brandort konzentriert in den Boden und nachfolgend in das Grundwasser. Denn vielfach sind die Flächen nicht vollständig versiegelt oder aber die Abwasserkanäle defekt respektive aufgrund der großen Mengen an Schaum und Wasser gar nicht in der Lage, diese aufzunehmen. Vor Ort liegt die Priorität der Feuerwehr darauf, Menschenleben und Sachgüter zu retten. Die Frage des Löschwasserrückhaltes steht sicherlich nicht an erster Stelle. Umweltschäden sind bereits an verschiedenen deutschen Großflughäfen bekannt, weitere Boden- und Grundwasserverunreinigungen aufgrund von Brandereignissen sind in Einzelfällen dokumentiert. Dazu gehören Brände von Reifen- und Kistenlagern sowie Raffineriestandorte in verschiedenen Bundesländern. Insgesamt wurden Boden und Grundwasser jedoch nur an einem Bruchteil der zurückliegenden Brandereignisse untersucht. Doch eines ist schon heute klar: Überall dort, wo PFT-haltiges Löschwasser ohne Rückhaltung versickern konnte, ist mit massiven Verunreinigungen zu rechnen. So stellte sich erst viele Jahre nach einem Kesselwagenunfall auf einem Güterbahnhof in Osnabrück heraus, dass neben dem giftigen und hochexplosiven Acrylnitril aus den havarierten Kesselwagen auch große Mengen an giftigen Löschschäumen versickert waren. Die Neue Osnabrücker Zeitung titelte dazu im Juli 2011: „Das zweite Gift kam mit dem Löschschaum: Neun Jahre nach dem Chemieunfall ist eine zweite Grundwassersanierung nötig". Ähnlich wie leichtflüchtige chlorierte Kohlenwasserstoffe, etwa aus metallverarbeitenden Betrieben oder chemischen Reinigungen, zu kilometerlangen Verunreinigungsfahnen im Grundwasser geführt haben, breiten sich die PFT ausgehend vom Brandereignis mit dem Grundwasser über weite Strecken aus. Aufgrund ihrer Langlebigkeit besteht die Gefahr, dass aus Gartenbrunnen, Eigenwasserversorgungsanlagen und in Wasserwerken über Jahre PFT-haltiges Wasser gefördert und benutzt wird. Belastungen in Seen und den darin lebenden Fischen sind bereits dokumentiert.

Die Problematik der belasteten Löschschäume erfordert ein Umdenken bei der Altlastenbearbeitung. Waren bisher typische Altlastenflächen wie Deponien und Industrieflächen beispielsweise über historische Karten und Firmenangaben in Adressbüchern erfassbar, müsste für die Erfassung von Boden- und Grundwasserverunreinigungen aufgrund von Löschschäumen auf ganz andere Quellen zurückgegriffen werden, zum Beispiel Einsatzakten der Feuerwehren und Archive der lokalen Tageszeitungen. Doch die wenigsten Kommunen recherchieren bislang zurückliegende Großbrandereignisse systematisch, um auf dieser Grundlage Boden und Grundwasser gezielt analysieren zu können. Dort, wo bereits Untersuchungen vorliegen, zeigt sich allerdings auch, dass die Stoffverteilung der Einzelkomponenten in Boden und Grundwasser sehr komplex ist. Analyseverfahren und relevante Einzelkomponenten mussten in aufwendigen Studien zunächst etabliert werden und liegen gesichert bislang nur für etwa ein Dutzend PFT-Verbindungen vor. Bereits die Spurenanalytik zur Analyse dieser Stoffgruppe ist mit hohen Kosten verbunden. Steht die Sanierung dieser Standorte an, sind weitere Hürden zu nehmen. Die Stabilität der Stoffe – als Produkteigenschaft beim Schaummittel gewollt – führt zu erheblichen Problemen bei der Sanierung von kontaminierten Böden und des Grundwassers. Biologische Sanierungsverfahren, die den Abbau der Schadstoffe fördern, gibt es nicht. Aktivkohlefilter, die bei der Entfernung von organischen Inhaltsstoffen aus dem Wasser häufig das Mittel der Wahl darstellen, weisen eine schlechte Beladekapazität auf, weshalb ihr Einsatz sehr hohe Kosten verursacht. Fehlende Sanierungstechnologien und -kosten, die in die Millionen Euro gehen, mögen wohl auch der Grund sein, dass so manche Kommune das genaue Hinschauen bisher vermieden hat.

Lektion bewusst ignoriert

PFOS wird seit Anfang der 1950er-Jahre produziert. Bereits in den 1970er-Jahren gab es erste Hinweise auf die Verbreitung von Fluortensiden im menschlichen Blut. Ende der 1990er-Jahre belegten dann umfangreiche Untersuchungen der Firma 3M sowie der US-amerikanischen Umweltschutzbehörde EPA die Gefahren. Doch bis zum Verbot der

Verwendung von PFOS in Feuerlöschschaummitteln sind noch Jahre vergangen. Für weitere Verbindungen steht dieser Schritt noch in weiter Ferne. Die Risikobewertung für PFOA, die vor allem als Hilfsstoff für die Synthese von Teflon Verwendung findet, treiben derzeit im Rahmen der Europäischen Chemikalienverordnung REACH Deutschland und Norwegen voran. Ziel ist, PFOA aus ökologischer Sicht als „besonders besorgniserregenden Stoff" einzustufen – der erste Schritt für eine zukünftige Beschränkung. Hier stellt sich die Frage, wie viel Wissen über langfristige Wirkungen von Stoffen und die Beurteilung möglicher Schäden vorliegen muss, bevor Beschränkungsmaßnahmen greifen. Die Europäische Umweltagentur EEA ist bereits vor mehr als zehn Jahren in einer Studie der Frage nachgegangen, wie politische Entscheidungsträger(innen) in den vergangenen hundert Jahren das Konzept der Vorsorge im Umgang mit Risiken angewendet haben. (5) Prominente Beispiele in dieser Studie sind die Chemikalien Polychlorierte Biphenyle (PCB) und Fluorchlorkohlenwasserstoff (FCKW). Die Veröffentlichung einer Fortsetzung dieser Studie ist noch für 2012 geplant, sie lag allerdings bei Redaktionsschluss noch nicht vor. (6)

Ein Verbot für die Herstellung und Verwendung von Fluortensiden in Löschmitteln wird es mangels Alternativen in den kommenden Jahren nicht geben. Für die Anwendung bei der Brandbekämpfung bedeutet dies, wo machbar, fluorhaltige Löschmittel zu ersetzen, deren Einsatz auf zwingend notwendige Brandereignisse zu minimieren und soweit möglich eine Löschwasserrückhaltung zu betreiben. Auch in allen anderen Anwendungsbereichen ist kritisch zu prüfen, ob es Alternativen zu Fluortensiden gibt. ———

Anmerkungen

(1) Die stofflich umfassende Bezeichnung PFC steht allgemein für die Stoffgruppe aller perfluorierten und polyfluorierten Tenside. Zur Unterscheidung der bisher im Fokus stehenden perfluorierten Verbindungen wird hier die Abkürzung PFT verwendet.

(2) Weber, Roland: Die chemische Zeitbombe tickt. In: Peak Soil. Die unterschätzte Krise der Böden. politische ökologie Band 119, München 2010.

(3) Hähnle, Joachim/Ahrenholz, Uto: Ersatz von perfluorierten Tensiden (PFT) durch neue polyfluorierte in Feuerlöschschaummitteln. In: Zeitschrift für Forschung und Technik im Brandschutz des vfdb 01/2011.

(4) Verordnung EU Nr. 757/2010 vom 24. August 2010.

(5) European Environment Agency: Late Lessons from Early Warnings: The Precautionary Principle 1896-2000. Environmental Issue Report No. 22.

(6) www.eea.europa.eu/publications/late-lessons-2012

Zum Autor

Ingo Valentin, geb. 1963, ist Sprecher des Arbeitskreises Bodenschutz/Altlasten des BUND.

Kontakt

Ingo Valentin

Bund für Umwelt und Naturschutz Deutschland e. V.

Am Köllnischen Park 1, D-10179 Berlin

E-Mail ingo.valentin@bund.net

Green Publishing

Grün grün grün sind alle meine Bücher ...

Von Anke Oxenfarth

▬▬Klimawandel und Ressourcenengpässe machen auch vor der Verlagswelt nicht halt. Gerade bei Umwelt- und Nachhaltigkeitsthemen haben Verlage eine zentrale Mittlerfunktion. Über die unterschiedlichen Medien verschaffen sie der Gesellschaft vielfältige Zugänge zu globalen Themen wie Klimaschutz oder Erhaltung der Artenvielfalt sowie zu Alltagsthemen wie einem nachhaltigen Konsum oder einer umweltfreundlichen Mobilität. Über den eigenen ökologischen Fußabdruck ihrer Produkte und Produktionsprozesse haben die meisten Verlage jedoch kaum fundiertes Wissen. Dabei haben Produktion und Verbreitung von Publikationen eine große Umwelt- und damit zunehmend auch Kostenrelevanz. Vorreiter der Branche suchen deshalb unter dem Label „Green Publishing" seit ein paar Jahren verstärkt nach Wegen, um das Herstellen und Verlegen von Büchern und Zeitschriften nachhaltiger zu gestalten. Stellschrauben für eine umweltverträglichere Verlagsarbeit gibt es eine Menge.

Ökologische Achillesfersen bewusst ausgleichen

Ohne Papier geht nichts in Verlagen. Bereits bei der Holzernte und beim Transport verursacht die Papierherstellung jedoch zahlreiche Umweltprobleme. Die Papierindustrie zählt zudem zu den fünftgrößten industriellen Energieverbrauchern in Deutschland, weshalb dem Thema Energieeinsparung eine herausragende Bedeutung zukommt. Aufgrund der weltweit steigenden Nachfrage sind Verlage auch aus finanzieller Sicht gut beraten, auf nachhaltige Kriterien bei der Papierbeschaffung und -nutzung zu achten. Absatzgesteuerte Auflagezahlen und Print-on-Demand-Angebote können den Papierbedarf deutlich verringern.

Um die mit der Papierherstellung verbundenen Umweltprobleme zu verringern, wurden seit den 1980er-Jahren verstärkt Ansätze zur Mehrfachverwendung von Papierprodukten und zur Entwicklung von Recyclingpapierprodukten unternommen. Ökobilanzielle Betrachtungen von Frischfaser- und Recyclingpapieren wiesen einen deutlichen Vorteil der Recyclingprodukte nach. (1) So werden zur Herstellung eines Papiers aus Primärfasern wesentlich mehr Energie, Wasser und Chemikalien benötigt als für Recyclingpapier, daher ist letzteres nicht nur aus ökologischen, sondern angesichts absehbarer Ressourcenengpässe und steigender Preise auch aus finanziellen Gründen zu bevorzugen. Zumal sich die Recyclingpapiere – entgegen eines hartnäckigen Vorurteils – längst in Bezug auf Qualität, Weiße und Haptik mit Frischfaserpapieren messen können. Und die Auswahl ist inzwischen auch recht groß. Den höchsten Anspruch erfüllen Recyclingpapiere, die mit dem „Blauen Engel" gekennzeichnet sind. Das älteste und bekannteste Umweltzeichen setzt seit 1978 Maßstäbe für umweltfreundliche Produkte und Dienstleistungen, die von einer unabhängigen Jury nach definierten Kriterien beschlossen werden.

Sofern sich der Einsatz von Frischfaserpapier nicht vermeiden lässt, sollte darauf geachtet werden, dass das Holz zur Papierherstellung aus nachhaltiger Produktion stammt. Zur Bewertung der Nachhaltigkeit von Druckpapieren haben sich das Gütezeichen des FSC (Forest Stewardship Council) und auch des PEFC (Programme for the Endorsement of Forest Certification Schemes) – weltweit vor allem das erstere – zunehmend etabliert. Auch auf dem amerikanischen Markt existieren solche Umwelt- und Qualitätssiegel. Daneben finden auch die sogenannte „Paper Scorecard", der Leitfaden zum Papiereinkauf des WWF, und die „Paper Profiles" der verschiedenen Papierhersteller und -vertreiber Anwendung bei der Beurteilung der Nachhaltigkeit von Papierprodukten.

Ein anderes Drucken ist möglich

Weiteres ökologisches Optimierungspotenzial liegt beim Druck selbst. Daher gilt es, die Druckprozesse genau unter die Lupe zu nehmen mit dem Ziel, umweltschädliche Stoffe zu ersetzen, Energie effizient zu verwenden, Abwasser- und Abfallmengen zu begrenzen und die Emissionen flüchtiger organischer Verbindungen (VOCs) zu verringern.

So wäre es aus gesundheitlicher und ökologischer Sicht wünschenswert, keine mineralölhaltigen Lösemittel in Druckfarben einzusetzen: einerseits um die begrenzten Erdölvorhaben zu schonen, andererseits um während der Verarbeitung der Druckfarben entstehende Emissionen und unerwünschte Restgehalte im bedruckten Medium zu vermeiden. Hierfür müssen Verlage und Druckereien nicht bei null anfangen. Seit mehr als zehn Jahren kann der Offsetdruck prinzipiell vollständig auf mineralölhaltige Lösemittel in Druckfarben verzichten. Der Einsatz mineralölfreier Druckfarben in vorhandenen Offset-Druckmaschinen ist genauso einfach wie der Einsatz konventioneller Druckfarben. Problematisch ist allerdings die noch immer uneinheitliche Definition des Begriffs „ökologische Druckfarbe". Dazu zählen Druckfarben aus nachwachsenden Rohstoffen, die im Bindemittel kein Mineralöl, sondern Monoester von Pflanzenölfettsäuren enthalten. (2) Darüber hinaus existieren für den Tiefdruck umweltschonende Druckfarben, deren Bindemittelsystem wasserverdünnbar und komplett lösemittelfrei ist und durch UV-Strahlung vernetzt werden kann. (3) Außerdem sind auch unter den konventionellen Druckfarben solche aus ausschließlich mineralischen farbgebenden Pigmenten tendenziell umweltfreundlicher als solche, deren Farbgebung auf synthetischen Pigmenten basiert, da die Produktion letzterer mit einem hohen Energieaufwand verbunden ist. Die Qualität des Drucks auf 100-Prozent-Recyclingpapier ist mit dem Druck auf Standard-Offsetpapier, das chlorfrei gebleicht wurde, gleichwertig.

Ökologisches Optimierungspotenzial gibt es bei den verwendeten Feuchtmitteln. In Offsetdruckmaschinen kommen konventionell Isopropylalkohol (IPA) und Wasser als Feuchtmittel zum Einsatz. Ökologisch vorteilhafter ist das wasserlose Offset-Verfahren, das bislang vorrangig in Ländern mit strengen Umweltgesetzen – wie etwa der Schweiz, Japan und den skandinavischen Ländern – eingesetzt wird. Allerdings lässt sich der wasserlose Offsetdruck nicht in allen Anwendungsgebieten einsetzen. Am Markt sind jedoch bereits Maschinen verfügbar, die komplett ohne Alkohol betrieben werden können. Die damit einhergehende Umweltentlastung wird um Kosteneinsparungen durch den Wegfall des Isopropylalkohols ergänzt und ist deshalb auch ökonomisch interessant für Druckereien und ihre Auftraggeber.

Der Tiefdruck stellt besonders hohe Anforderungen an die Qualität der Druckfarben. Das verhinderte bislang den Einsatz umweltfreundlicher wasserbasierter Farben. Aber auch hier tut sich was. Ein Forschungsprojekt des Bundesforschungsministeriums hat 2004 umweltschonendere Druckfarben entwickelt. Diese zeichnen sich dadurch aus, dass wasserverdünnbare und komplett lösemittelfreie Bindemittelsysteme auf der Basis von Acrylaten und Epoxiden zum Einsatz kommen. Ihr Umweltentlastungseffekt besteht darin, dass sie zur Trocknung nur wenig Energie benötigen, unter UV-Licht vernetzen und nur minimale Emissionen freisetzen. Auch im Recycling bedruckter Papiere und Pappen bereiten diese Farben keine Probleme.

Ein umweltschonenderes Tiefdruckverfahren wird derzeit im Laboratorium für Werkstofftechnik der Helmut-Schmidt-Universität Hamburg entwickelt. Das sogenannte Kaltgasspritzen könnte das bisherige Verfahren ersetzen, bei dem die Druckplatte oder -walze in ein Zinkelektrolytbad getaucht wird, welches als Sondermüll entsorgt werden muss. Zusätzlich zu diesem direkten Umweltnutzen gilt das Kaltgasspritzen auch als zeit- und kosteneffizientes Verfahren. (4)

Ungehobene Schätze heben spart doppelt

Bares Geld sparen und gleichzeitig die Umwelt entlasten können Druckereien auch, wenn sie ihren Stromverbrauch analysieren. Laut dem Energieinstitut der Wirtschaft hat die Druckbranche im Vergleich mit verschiedenen anderen Branchen den höchsten Stromverbrauch. (5) Der Jahresverbrauch liegt bei rund 17.500 Kilowattstunden pro Mitarbeiter(in).

Energieeffizienzmaßnahmen im Verlagswesen betreffen deshalb vor allem den Druckbetrieb und dort drei besonders relevante Verbrauchsbereiche: Druckluft, Wärme/Abwärme und elektrische Antriebe mit zum Teil erheblichen Unterschieden hinsichtlich effizienter Energienutzung zwischen den einzelnen Druckmaschinenfabrikaten. In Druckereien wie Verlagsgebäuden hat darüber hinaus gute Beleuchtung hohe Relevanz für die Detailerkennung. Energieeinsparpotenziale liegen hier in der Umstellung einzelner Bereiche (beispielsweise Papierlager, Verpackung) von Dauerbeleuchtung auf bedarfsgesteuerte Beleuchtung sowie in der Umrüstung bestehender Leuchtmittel auf energieeffizientere Produkte.

Klimaneutraler Vertrieb von Publikationen und grünes Büromanagement

Seit der Einführung des Emissionshandels ist der CO_2-Verbrauch eine weitere Größe, die Unternehmen im Blick haben müssen. Durch Versand und Auslieferung der Publikationen entstehen CO_2 und andere klimaschädliche Gase. Auch während und zwischen den einzelnen Phasen des Produktlebenszyklus finden Transporte statt. So können sich Verlage und Druckereien beispielsweise bei den Papierherstellern dafür einsetzen, dass die nötigen Papiertransporte mit der Bahn erledigt werden – das spart Energie und Emissionen und damit Geld. Um den Vertrieb möglichst klimafreundlich zu gestalten, ist systematisch auf den Einsatz energieeffizienterer Fahrzeuge und die Optimierung der Logistik – etwa durch eine Gewichtsreduzierung von Verpackungsmaterialien und die Vermeidung von Leerfahrten – zu achten. Vor allem aber die absolute Reduzierung von Transportwegen kann die Umweltbilanz der Verlage entscheidend entlasten. Dafür müssen diese Verlage bewusst mit regionalen Druckereien zusammen arbeiten und die Großhändler dazu auffordern, Lieferaufträge für Druckerzeugnisse in den Einzelhandel vorrangig an regionale Dienstleister zu vergeben.

Darüber hinaus besteht für die Verlage die Möglichkeit, die Klimafolgen des Versands zu kompensieren. So bietet beispielsweise der GoGreen-Service von DHL einen CO_2-neutralen Versand der Ware an, bei dem Beiträge zu internationalen Klimaschutzprojekten die durch den Transport entstehenden Emissionen kompensieren.

Ein weiteres Minus auf dem CO_2-Konto lässt sich verbuchen, wenn Mitarbeiter(innen) und Geschäftsführung des Verlags für Dienstreisen konsequent die Bahn nutzen. Es lohnt sich also, der Belegschaft den Umstieg auf Bus, Bahn und Fahrrad für die täglichen Arbeitswege mit guten Argumenten schmackhaft zu machen.

Auch im Büroalltag gibt es viele Möglichkeiten, umweltfreundlich zu agieren. Durch die Nutzung von Ökostrom und einen bewussten Umgang mit Energie lassen sich CO_2-Emissionen um ein Vielfaches verringern. Der Einsatz von energieeffizienten Geräten und deren sparsamer Gebrauch schonen Klima und Geldbeutel. Die Verwendung von ökologisch unbedenklichem Büromaterial wie etwa lösungsmittelfreien Stiften und Klebstoffen ist heutzutage genauso problemlos möglich wie der Einsatz von umweltfreundlichem Druck- und Kopierpapier. Unternehmen können sich auch bei der Beschaffung an Umweltzeichen wie dem „Blauen Engel" orientieren, die über Produkteigenschaften und Umweltaspekte in der Produktion informieren. Mülltrennung und die Verpflegung der Mitarbeiter(innen) mit Lebensmitteln aus regionaler, ökologischer Landwirtschaft sind weitere Hebel für einen umweltfreundlichen Büroalltag.

Nachhaltigkeit ist Chefsache

Wichtigste Voraussetzung für nachhaltiges Publizieren ist neben den konkreten Maßnahmen jedoch eine von der Sache überzeugte Geschäftsführung. Nur wenn die Mitarbeiter(innen) sehen, dass Führungskräfte bereit sind, dem verlagsinternen Nachhaltigkeitsmanagement einen hohen Stellenwert einzuräumen, ziehen sie aktiv mit. Spezielle Broschüren und -veranstaltungen oder bereichsspezifische Workshops, die über Green Publishing informieren, sind nötig und wichtig, reichen allein aber nicht aus. Das Nachhaltigkeitsmanagement muss personell und organisatorisch im Verlag verankert sein. Mit einer Stabstelle Nachhaltigkeit, die direkt der Geschäftsführung untersteht, unterstreicht das Unternehmen die Authentizität seines Anliegens. Außerdem muss ein(e)

Nachhaltigkeitsbeauftragte(r) in enger Zusammenarbeit mit der Herstellungsleitung die ökologischen Standards des Unternehmens immer wieder an technische Innovationen und neue wissenschaftliche Erkenntnisse anpassen. Er oder sie ist verantwortlich für deren Umsetzung und regt bei Dienstleistern des Verlags im Sinne eines Multiplikators beziehungsweise einer Multiplikatorin umweltschonende Maßnahmen an.

Neue Standards für die Verlagsbranche

Es mangelt also offensichtlich nicht an guten Ideen und umweltfreundlichen Verfahren. Allerdings bestehen bislang meist nur fragmentarische Ansätze und vereinzelte Publikationen, die sich mit einzelnen Aspekten umweltfreundlichen Publizierens beschäftigen. Daher ist das bestehende Wissen weit verstreut und bezüglich der Frage „Was kann ein Verlag alles tun, um möglichst nachhaltig zu wirtschaften?" in gebündelter Form nicht zugriffsfähig – eine große Hürde für mehr Engagement der Verlagsbranche im Umweltbereich.

Diesen Mangel zu beheben ist das Ziel des Projektes „Nachhaltiges Publizieren. Neue Standards für die Verlagsbranche", das der oekom verlag initiiert hat und dank einer finanziellen Förderung durch das Bundesumweltministerium von August 2011 bis (zunächst) Ende 2012 umsetzt – gemeinsam mit dem ifeu – Institut für Energie- und Umweltforschung Heidelberg, dem Institut für ökologische Wirtschaftsforschung (IÖW), der Buchmesse Frankfurt und dem Umweltbundesamt. (6) Das Projekt hat sich zum Ziel gesetzt, Verlage für ihre gesellschaftliche Verantwortung als Unternehmen zu sensibilisieren sowie neue, branchenspezifische Standards für nachhaltiges Publizieren zu entwickeln und der gesamten Branche zugänglich zu machen. Dabei gilt es, die gesamte Wertschöpfungskette von Publikationen zu beleuchten und konkrete, auf den Bedarf von Verlagen zugeschnittene Handlungsoptionen aufzuzeigen, um das enorme, bislang von den meisten Verlagen ungenutzte Potenzial zur Umweltentlastung zu heben. In dieser ersten Projektphase standen die besonders umweltrelevanten Bereiche Papiereinsatz und Druckverfahren im Fokus. Für 2013 ist die Beschäftigung mit den Bereichen Vertrieb und Logistik sowie „Umweltfreundlicher Büroalltag" geplant.

Es wurden bestehende und praktizierte Umweltschutzansätze und -standards im Verlags- und Druckereiwesen identifiziert und daraufhin untersucht, ob sie prinzipiell Anforderungen an nachhaltige Papierbeschaffung und Druckprozesse formulieren und inwieweit diese als ausreichend anzusehen sind.

Noch existiert – neben dem aus Sicht der Projektpartner noch unzureichenden EU-Umweltzeichen für Druckerzeugnisse – kein Standard, der Anforderungen zur Nachhaltigkeit bei Druckpapieren und in Druckprozessen umfassend thematisiert und der von Unternehmen erfüllt wird. Daher hat das Projekt Kriterien für Umweltstandards erarbeitet und in themenspezifischen Expert(inn)enworkshops sowie anlässlich mehrerer Branchenveranstaltungen mit Stakeholdern der Verlagsbranche ausführlich diskutiert. Auf der Buchmesse in Frankfurt im Oktober 2012 wurden die „Anforderungen zur Nachhaltigkeit bei Druckpapieren und in Druckprozessen" präsentiert. (7)

Aktiver Umweltschutz und Nachhaltigkeit sind für Verlage längst keine Zukunftsmusik mehr, die Nachfrage nach ökologischen Produkten boomt. Das ressourcen-, energie- und klimaschonend oder gar wirklich klimaneutral und nicht „nur" klimakompensiert hergestellte Verlagsprodukt wäre allerdings eine echte Neuheit. Diese Marktlücke gilt es zu besetzen – „... und darum lieb ich alles, was so grün ist!" ———

Anmerkungen

(1) Vgl. www.umweltdaten.de/publikationen/fpdf-k/k1865.pdf und www.umweltbundeamt.de/produkte/beschaffung/doks/ausschreibungsempfehlungen_druck_und_pressepapier.pdf

(2) Vgl. www.hdm-stuttgart.de/printing-green/do3-tosq.htm#nach

(3) Vgl. www.vdi-zre.de/datenbank.html?tx_resourcedatabase_pi1[projectId]=7592&tx_resourcedatabase_pi1[action]=index&tx_resourcedatabase_pi1[controller]=Project&cHash=d072a56de292f0a3826b7c4c722377f9

(4) Vgl. www.nachhaltigkeit.org/201101066425/materialien-produkte/nachrichten/umweltschonender-tiefdruck

(5) Vgl. www.energieinstitut.net/portal/page/portal/EIW_HOME/EIW_NEWS/usw_02_10_energieeffiziente_druckerei.pdf

(6) Vgl. www.nachhaltig-publizieren.de

(7) Download unter www.nachhaltig-publizieren.de/index.php?id=1239

Zur Autorin

Anke Oxenfarth, geb. 1968, ist Geistes- und Sozialwissenschaftlerin und seit 1999 beim oekom verlag, seit 2002 in der Chefredaktion der Fachzeitschrift *politische ökologie*. Sie ist stellv. Leiterin des Unternehmensbereichs Zeitschriften und leitet seit 2011 die Stabsstelle Nachhaltigkeit des Verlags.

Kontakt

Anke Oxenfarth
Leiterin Stabsstelle Nachhaltigkeit
oekom verlag GmbH
Waltherstr. 29, D-80337 München
Fon ++49/(0)89/544 184 -43
E-Mail oxenfarth@oekom.de
www.oekom.de

Haben Sie eine der letzten Ausgaben verpasst? Bestellen Sie einfach nach!

pö 104 Demografischer Wandel
Neue Spielräume für die
Umweltpolitik. *14,90 €*

pö 109 Biodiversität
Vom Reden zum Handeln.
19,90 €

pö 118 Multiple Krise
Ende oder Anfang für eine
gerechte Welt? *14,90 €*

Das Gesamtverzeichnis finden Sie im Internet unter **www.politische-oekologie.de**
E-Mail neugier@oekom.de

Impressum

politische ökologie, Band 131
Ökologie von rechts.
Braune Umweltschützer auf Stimmenfang
Dezember 2012
ISSN 0933-5722, ISBN 978-3-86581-286-5
Verlag: oekom Gesellschaft für ökologische Kommunikation mbH
Waltherstraße 29
D-80337 München
Fon ++49/(0)89/54 41 84-0, Fax -49
E-Mail obermayr@oekom.de
Herausgeber: oekom e. V. – Verein für ökologische Kommunikation,
www.oekom-verein.de
Chefredaktion: Jacob Radloff (verantwortlich)
Stellvertr. Chefredaktion: Anke Oxenfarth
Redaktion: Helena Obermayr (CvD)
Redaktionelle Mitarbeit: Markus Jansen (mj)
Schlusskorrektur: Claudia Mantel-Rehbach,
E-Mail claudiam@t-online.de
Gestaltung: Lone Birger Nielsen, E-Mail nielsen.blueout@gmail.com
Anzeigenleitung/Marketing:
Tabea Köster, oekom GmbH (verantwortlich)
Fon ++49/(0)54 41 84-35, E-Mail anzeigen@oekom.de
Bestellung, Aboverwaltung und Vertrieb:
InTime Media Services GmbH
Zeitschriften oekom, Postfach 1363, D-82034 Deisenhofen
Fon ++49/(0)89/858 53 -570, Fax -62570
E-Mail oekom@intime-media-services.de

Vertrieb Bahnhofsbuchhandel: VU Verlagsunion KG,
Postfach 5707, D-65047 Wiesbaden
Druck: Kessler Druck + Medien,
Michael-Schäffer-Str. 1, D-86399 Bobingen
Gedruckt auf 100%igem Recycling-Papier.
Bezugbedingungen: Die *politische ökologie* erscheint vier Mal
im Jahr. Ein Abonnement kostet für Institutionen und Organisationen
106,00 €, für Privatpersonen 61,00 € und für Studierende ermäßigt
(gegen Nachweis) 50,50 €. Alle Preise zzgl. Versandkosten. Das Abonnement verlängert sich automatisch, wenn es nicht 6 Wochen vor Ablauf
schriftlich gekündigt wird. Einzelheftpreis: 16,95 €. Außerhalb Deutschlands zzgl. Versandkosten.
Konto: Postgiroamt München (BLZ 700 100 80), Kto. 358 744-803.
Nachdruckgenehmigung wird nach Rücksprache mit dem Verlag in der
Regel gern erteilt. Voraussetzung hierfür ist die exakte Quellenangabe
und die Zusendung von zwei Belegexemplaren. Artikel, die mit dem Namen des Verfassers/der Verfasserin gekennzeichnet sind, stellen nicht
unbedingt die Meinung der Redaktion dar. Für unverlangt eingesandte
Manuskripte sind wir dankbar, übernehmen jedoch keine Gewähr.
Bildnachweise: Titel Fotolia und Dieter Steffmann/schriftarten-
fonts.de; S. 14, Fotolia; S. 16 storchheinar.de; S. 22 Gerrit Hahn;
S. 23 Wikimedia.de; S. 59 Jakob Huber; S. 129 oekom

Die Deutsche Nationalbibliothek – CIP-Einheitsaufname. Ein Titel-
einsatz für diese Publikation ist bei der Deutschen Nationalbibliothek erhältlich.

Vorschau
Im Wald

politische ökologie (Band 132) – März 2013

In politischen Debatten über den Umgang mit dem Klimawandel steht Wald als „Kohlenstoffsenke" hoch im Kurs. Längst ist bekannt, dass Waldverlust immer mit dem Verlust von biologischer Vielfalt und ökonomischen Möglichkeiten armer Bevölkerungsgruppen einhergeht. Trotzdem fällt weiter pro Sekunde ein Hektar Wald weltweit den Sägen zum Opfer.

Vergessen scheint das Prinzip der Nachhaltigkeit, nur so viel Holz zu schlagen, wie durch Aufforstung nachwachsen kann. 2013 ist es 300 Jahre her, dass Hans Carl von Carlowitz den Begriff Nachhaltigkeit in seinem forstwissenschaftlichen Klassiker *Sylvicultura oeconomica* definiert hat. Ein guter Zeitpunkt, in den Wald zu gehen, seinen Zustand aufmerksam zu begutachten und die Herausforderungen für eine nachhaltige Waldpolitik im 21. Jahrhundert zu benennen. Die *politische ökologie* zeigt, wie eine moderne Waldpolitik aussieht, die den Blick nicht nur in die Vergangenheit, sondern vor allem in die Zukunft richtet.

Die *politische ökologie* (Band 132) erscheint im März 2013 und kostet 16,95 €
ISBN 978-3-86581-423-4

Liebe Leserinnen und Leser,

auch wir müssen leider der allgemeinen Teuerung nachgeben und die Abonnementpreise ab 2013 um zwei Prozent erhöhen. Ab 2013 **kostet** ein Jahresabonnement der **politischen ökologie** 62,20 € für Privatbezieher, 108,00 € für Unternehmen und Institutionen und 51,50 € ermäßigt (jeweils zzgl. Versandkosten). Wir hoffen auf Ihr Verständnis.

Ihr Team von der *politischen ökologie*
oekom verlag